教育部高校物流管理与工程类专业教学指导委员会—物流
文科建设试点专业、2021年度国家级一流本科专业、2022年江苏省产教融合
型品牌专业等项目资助。

区域经济影响下
江苏省区域物流发展研究

姜金德　著

Wuhan University Press
武汉大学出版社

图书在版编目（CIP）数据

区域经济影响下江苏省区域物流发展研究/姜金德著．–武汉：武汉大学出版社，2023.3

ISBN 978-7-307-23486-4

I. 区… II. 姜… III. 物流－经济发展－研究－江苏　IV. F259.275.3

中国版本图书馆CIP数据核字（2022）第240254号

责任编辑：周媛媛　冯红彩　　责任校对：牟　丹　　版式设计：文豪设计

出版发行：武汉大学出版社　　（430072　武昌　珞珈山）

（电子邮箱：cbs22@whu.edu.cn 网址：www.wdp.com.cn）

印刷：三河市京兰印务有限公司

开本：710×1000　1/16　　印张：11.5　　字数：165千字

版次：2023年3月第1版　　2023年3月第1次印刷

ISBN 978-7-307-23486-4　　定价：58.00元

前　言

现代科技与当代社会的发展促使产业结构转型升级和变动调整，这为现代物流业发展创造了新的发展机遇。区域物流的现代化、低碳发展是促进区域经济发展的强大动力；区域经济的健康、绿色、可持续发展为区域物流的发展营造良好的经营环境。二者的协同发展是实现区域物流产业与区域经济共同发展的必要条件，但是，由于基础设施、现代物流技术、物流产业人才等的发展在各地间的不充分、不平衡，在一定程度上又制约了区域经济的健康发展。这种相互促进或相互制约的关系是双向的，如经济发展带来的基础设施建设对物流运输效率的提升和物流业的繁荣，物流成本的下降对经济增长起到的促进作用，等等。因此，研究区域经济与区域物流的协同关系，对促进二者的协同发展意义重大。然而，区域经济与区域物流的协同关系研究，只局限于各指标对区域经济或区域物流的整体影响，需要进一步研究经济系统与物流系统相互作用并产生相互影响的耦合协调性。前人的相关研究表明二者之间存在密不可分的关系，但由于地理位置和经济水平等外部环境的影响，各区域间以及区域内各城市间二者的协调程度存在差异。2020年江苏省地区生产总值为102719亿元，在长三角地区中保持绝对领先地位，构建江苏省物流系统与经济系统的评价指标体系，运用耦合协调度模型、空间自相关模型，探索近十年间江苏省内13个地级市物流业与区域经济耦合协调度随时间和空间的变化特征，分析经济与物流有序度的关联关系，进行区域经济与物流之间耦合协调度的全局和局部自相关分析，以便制定差异化的发展战略，积极开展区域物流与经济之间的协同发展。

区域物流与区域经济相互依存、相互促进。而从决策者制定发展战略

区域经济影响下江苏省区域物流发展研究

视角考虑，对区域物流和区域经济的有关指标进行定量预测无疑具有重要意义，在选择指标时，区域物流需求、与区域物流需求存在较强相关性的区域经济指标就被纳入了研究范畴。构建的基于区域经济指标的区域物流需求预测模型，所选指标的数据均来自江苏省统计年鉴，具有较好的数据获取性，兼顾了模型的精度和稳定性，应用模型计算未来5年江苏省货运量预测值，可对江苏省制定区域物流和区域经济的规划及发展战略起到支持作用。江苏省既是经济大省，也是农业大省，研究江苏省农产品物流网络构建，构建高效便捷的农产品物流网络，有利于合理分配农产品物流资源、优化农业结构，提高农产品物流资源的利用效率，降低区域农产品流通成本，加快农业产业发展，发展优质、特色农业，为区域农业和物流企业发展提供助力，对实施乡村振兴战略具有重要意义。

　　本书的主要研究内容可归纳为以下四个方面：

　　（1）江苏省区域物流与区域经济的灰色关联度分析。遵循物流与经济的协同指标设置原则，在查阅大量有关区域物流与经济协同评价体系资料的基础上，选取区域物流与区域经济协同发展指标，构建熵值赋权—灰色关联度组合分析的协同度模型。对江苏省区域物流与区域经济的灰色关联度进行测算，根据研究结果中发现的区域物流与区域经济协同发展过程中存在的问题，找出影响江苏省物流与经济发展的关键因素。

　　（2）江苏省区域物流与区域经济耦合协调性研究。①区域物流和经济协调发展指标体系构建。从"运输规模""物流资源"构建物流业指标评价体系和"经济规模""经济潜力"构建区域经济指标评价体系，为进一步分析做好数据准备。②江苏省物流业与区域经济耦合协调度及空间特征分析。物流业与区域经济指标的耦合协调度测算，并进行时空演化分析，展现出江苏省13个地级市物流业与区域经济耦合协调度随时间的变化情况；为了更进一步分析江苏省物流产业与区域经济耦合协调的整体变化趋势和空间相关性特征，运用空间自相关分析对耦合协调度集聚态势进行评价和分析。

　　（3）基于区域经济指标的区域物流需求预测研究。①指标体系构建。

影响物流需求的经济因素有很多，如地区生产总值、固定资产投资总额、城镇居民生活消费支出等。其中：由于区域物流系统与区域内外部经济状况息息相关，区域经济发展的水平、规模成为区域物流需求的决定性影响因素；资源和区域经济在空间上的分布不均，是产生物流需求的最直接原因；不同的产业结构对物流需求层次、结构和功能等方面的影响较大，也是影响区域物流需求量的一个重要因素。据此原则构建进行物流需求预测的区域经济指标体系。②江苏省物流需求的 PCR 预测模型。主成分回归（principle component regression, PCR）是用降维所得到的一个或几个主成分与因变量之间进行回归分析。由于主成分之间不存在多重共线性且保留了原有变量的重要信息，因此建立它们之间的回归分析，能够提高方程和参数估计的准确度。代入相关指标数据，比较预测值与实际值，验证模型的精度。③预测模型的应用。运用趋势外推法（trend extrapolation, TE），通过选择 R 方最大值建立自变量的预测模型，将趋势外推法预测的未来年份的自变量值代入 PCR 预测模型，得出基于区域经济指标的区域物流需求的预测值。

（4）基于改进引力模型与轴辐理论的江苏省农产品区域物流网络构建研究。在物流需求预测的基础上，以农产品为例研究江苏省区域物流网络构建。①构建江苏省农产品区域物流发展评价指标体系，运用主成分分析法计算江苏省各城市的农产品物流发展水平得分，作为引力模型中的"物流质量"。②江苏省农产品区域物流网络构建。通过改进的引力模型，计算出江苏省各城市的绝对引力和相对引力，运用隶属度模型，根据轴辐理论确定各轴心、辐点城市及轴心城市辐射范围、干线通道和支线通道，构建若干个物流圈，并分别对每个物流圈给出建设和发展的意见。

本书受南京市重点学科（培育建设）——应用经济学资助，是南京晓庄学院 2021 年申硕国际商务硕士点高质量科研成果资助项目成果之一，本书还是 2021 年度国家级一流本科专业（南京晓庄学院物流管理专业）项目的研究成果之一，2022 年江苏省产教融合型品牌专业（南京晓庄学院物流管理专业）项目的研究成果之一，教育部高校物流管理与工程类专业教学指导委员会物流管理与工程类专业新文科建设试点专业（南京晓庄学院物流管理专业）项目的研究成果之一。

众多区域经济与区域物流领域学者的前期研究为本书的创作提供了无穷的思想源泉，请恕本人无法一一表达感激之情。"千里之行，积于跬步"，唯愿本人的努力能为影响区域物流发展的区域经济资源有效配置的研究抛砖引玉。限于本人精力和学识，书中难免存在不足之处，恳请专家与读者批评指正。最后，感谢南京晓庄学院王本余副校长、教务处陈维维处长、张边江副处长、陈会忠副处长为本书撰写提供的便利条件，感谢南京晓庄学院商学院赵彤院长为本书提出的宝贵意见，感谢南京晓庄学院商学院许国银主任、王荣老师、周海花老师、蒋淑华老师、王小波老师为本书提供了部分资料搜集、整理和文字编写工作，感谢南京晓庄学院商学院陶敏老师为本书出版过程中付出的辛苦劳动，衷心感谢所有对本书给予过支持和帮助的专家和学者们！

姜金德

2022 年 12 月

目　　录

第一章　绪　论

第一节　研究背景

随着全球一体化，区域间的竞争压力促使各地区间产业结构调整和经济结构升级。现代物流业迎来了"智慧物流"经济时代，新型物流设备、信息化的物流平台和先进的智能化物流技术的采用，有助于企业减少能耗，加快产品流通，调节市场供需，降本增效，从而增强区域经济竞争力。在上述前提下，区域物流将带动区域经济快速发展，其创造的价值引起人们的广泛关注。

沈秦伟等（2013）认为区域经济与区域物流之间相互影响、相互协调、密不可分[1]。一方面，区域物流业的健康发展，能够提高效率，降低成本，增加经济效益，促进区域经济发展，为区域经济发展提供动力；另一方面，Adepetu 和 Keshav（2017）认为区域经济的繁荣是区域物流持续、稳定、健康发展所必需的环境，良好的经济水平能够提高区域物流业运行的效率与效果[2]。当然，区域经济产业结构、经济规模、经济整体水平、基础设施等因素也会制约物流业的发展。由此可见，区域经济与区域物流协调发展是二者各自发展的重要保障，二者是辩证统一的关系。

江苏省是长江三角洲（简称长三角）地区的重要组成部分，其经济发达，地区生产总值连续多年居全国第二，地理位置优越，交通优势明显，实体企业众多，基础设施完善，为现代物流业的发展奠定了坚实的基础、提供了广阔的发展空间。《江苏省"十四五"现代物流业发展规划》指出："江苏作为'一带一路'交汇点、长江经济带重要枢纽和长三角区域一体化核心区域，要充分发挥物流比较优势，消除跨区域物流堵点和断点，打破区域内部和跨区域物流服务的体制机制障碍，加快推进物流跨区域设施联通、资源共享、协同运作、区域共治。"江苏省统计局公布数据显示，2020年，江苏省实现社会物流总额32.88万亿元，占全国比重的11%左右，"十三五"期间年均增速7.4%；实现物流业增加值6145.12亿元，占全省地区生产总值比重达6%。2020年全省公路、铁路、水运、航空完成货运量27.5亿吨，"十三五"期间年均增速6.7%；港口完成货物吞吐量29.7亿吨，居全国第一位。物流效率持续提升，2020年全省社会物流总费用与地区生产总值的比率降至13.8%，较"十二五"末下降了1个百分点，低于全国0.9个百分点。

虽然江苏省现代物流业的发展取得了一些成绩，但是与国外许多发达地区物流与经济的发展相比，还存在一定的差距，如物流业发展不均衡、整体运行效率不高，以及存在一定程度的与经济发展不协调等问题。为使区域经济与区域物流更良性地相互促进，我们需要探讨二者间的互动关系。本书对江苏省区域经济影响下区域物流的发展进行深入研究，根据研究结果提出对策建议，促进江苏省区域经济与区域物流协调发展。

第二节 研究意义

本书的研究意义主要体现在理论研究和应用研究两个方面，具体如下：

在理论研究方面，本书以现代物流、区域经济增长、协同发展、可持续发展、灰色关联模型等理论作为理论基础，通过梳理与总结国内外相关文献，结合江苏省物流与经济发展现状，建立起具有代表性的评价指标体系，运用熵值赋权—灰色关联理论，测算区域物流与区域经济两大系统指标的熵权，以提高指标权重的客观性，降低其主观模糊性，运用模型深入分析物流系统和经济系统以及两系统内各指标之间的相互关系；采用耦合协调度模型对江苏省 2010—2020 年的物流与经济的耦合协调发展情况进行研究；根据主成分回归模型，依据 2005—2020 年江苏省区域经济相关指标数据，进行区域物流需求预测研究；鉴于区域物流需求的不平衡，以江苏省农产品为例，根据农产品的主要产出地、需求地不一致，农产品物流发展水平的地域性与经济发展水平不一致，采用轴辐理论和改进的引力模型构建江苏省农产品物流网络。本书对于区域物流与区域经济指标体系及熵值赋权—灰色关联组合分析模型、耦合协调度模型、主成分回归预测模型、轴辐理论和改进的引力模型的构建，具有有效性和实用性，对以后其他区域经济与区域物流的协调发展研究提供理论借鉴。

在应用研究方面，本书在分析中指出江苏省区域物流与区域经济协调发展存在的难点，找出影响江苏省物流和经济发展的关键因素，有助于区域优化配置物流资源，营造和谐、稳定的物流产业与经济发展所需的流通环境；通过区域物流与区域经济的耦合协调度分析，指出不同时期江苏省物流与经济发展是物流系统滞后还是经济系统滞后，有利于地方政府实事求是地制定区域物流与区域经济协同发展战略，通过采取一定的措施，提高其耦合协调度，促进其协调发展；区域物流需求预测可以提前预知江苏省区域物流发展的趋势，以及区域经济相关指标对区域物流需求的影响程度，可以更好地采取措施加以应对，优化资源配置，营造健康、稳定、和谐的物流与经济协调发展的环境，从而实现江苏省区域物流与区域经济的绿色、协调、融合发展；江苏省农产品区域物流网络规划，根据确定的轴心城市与辐点城市的隶属关系，以及干线通道、支线通道，构建苏州、徐州、南京、盐城四个区域农产品物流圈，分析各个物流圈的功能和定位，能够为区域经济、区域农产品物流发展布局和资源配置提供决策参考。

第三节　研究方法

区域经济影响下的区域物流发展的研究方法主要有主成分分析法、熵值赋权法、灰色关联模型、耦合度协调模型、空间自相关分析模型、主成分回归模型、引力模型等。

在实证问题研究中，为了全面、系统地分析问题，我们必须考虑众多影响因素。这些影响因素一般称为指标，在多元统计分析中也称为变量。因为每个变量都在不同程度上反映了所研究问题的某些信息，并且指标之间彼此有一定的相关性，因而所得的统计数据反映的信息在一定程度上有重叠。在用统计方法研究多变量问题时，人们希望在进行定量分析的过程中，涉及的变量较少，得到的信息量较多。主成分分析法正是适应这一要求产生的，是解决这类问题的理想工具。

熵值赋权法作为评价方法，能够有效地反映出区域经济与物流业两个子系统的权重价值，同时客观的计算方式避免了人为主观影响等因素，使计算得出的结论更具科学性、客观性。在信息论中，熵是一种对不确定性程度的度量，也就是说，当信息量越大时，不确定性也就越小，熵也就越小；与之相反，当信息量越小时，不确定性也就越大，熵也就越大。因此，可以通过计算熵值来判断一个事件的随机性及无序程度，也可以用熵值来判断某个指标的离散程度。一个指标的离散程度越大，其对整体评价的影响就越大。

党耀国（2009）在其出版的《灰色预测与决策模型研究》中介绍了影响系统的发展形态和发展趋势的因素有的起抑制作用，有的起促进作用，了解各因素的重要性及其对系统的影响程度差异，有助于提高投入产出比，提高系统效益。[3] 灰色关联分析方法就是这样的一种方法，它不受样本量大小的局限，对计算序列的线性发展规律要求不高，简便易行。最早的模型是邓聚龙教授发明的邓氏关联分析，后来发展为从接近性和相似性角度分别研究构造的关联模型 [4]。随着各个学者对灰色关联分析进行的创新，目前已在生物、医药、社会安全、机械、地质等方面，以及工业、农业、服务业等领域得到了广泛的应用[5~9]。该方法经过证明可以使投入更有效，增加关联度高的影响因素投入，减少浪费，从而提高经济效益和社会效益。

　　耦合在物理学含义上是指两个或多个系统以运动形式通过各种相互作用而彼此影响的现象。当系统间或系统内部要素之间配合得当、相互促进时，为良性耦合；反之，为不良耦合。耦合度是描述系统或要素彼此相互作用影响的程度，是一个相对静态的衡量指标；耦合协调度是度量系统之间或系统内部要素之间在发展过程中彼此和谐一致的程度，反映了系统由无序走向有序的趋势，体现了系统间的动态发展过程和协同水平。由此可见，耦合度和耦合协调度是有区别的，耦合度主要反映系统间相互作用程度的强弱；而耦合协调度则表示相互作用中良性耦合程度的大小，体现了协调状况好坏的程度。耦合协调度模型自提出后被广泛应用于文化与旅游产业、社会经济与生态环境、区域经济与区域物流、城镇化与土地资源等关系的研究。

　　孟斌等（2005）认为空间自相关分析的全局空间自相关是对属性值在整个研究区域内特征的描述，用来检验空间变量的取值是否与相邻空间上该取值大小有关[10]。李慧等（2011）指出全局空间自相关判断指标用 Global-Moran's I 来表示，I 分布在 [-1，1] 之间，$I > 0$ 说明所研究区域内呈现空间集聚现象，I 值越大，集聚现象越明显，即空间差异性较小；$I < 0$，说明区域内存在差异，I 值越趋向于 -1，则差异性越大[11]。局部空间自相关表示局部地域高值与低值的聚集情况。张宏乔（2019）运用社会网络分析法研究 2011—2016 年中原城市群城市网络的空间特征及其动态演化[12]。张红凤等（2019）改进了引力模型，对 2016 年山东省 17 个地级市空间联系与格局进行实证分析[13]。

　　对区域物流需求的准确预测，决定着该区域未来区域经济与区域物流的协调发展。主成分分析法除减少自变量的个数外，还可以用来解决自变量共线性的问题；线性回归分析要求自变量是相互独立的，但是在实际应用中，经常会遇到自变量相关的问题。好的可行的方法：借助主成分分析法，用主成分回归求回归系数，即先用主成分分析法计算出主成分表达式和主成分得分变量，而主成分得分变量是相互独立的，因此可以将因变量对主成分得分变量回归，然后将主成分的表达式代入回归模型中，即可得到标准化自变量与因变量的回归模型，最后将标准化自变量转为原始自变量。运用该方法，可对江苏省区域物流的需求进行预测。

在已预测的区域物流需求的基础上，对区域物流网络进行规划是提高运行效率、降低成本、提高服务水平的重要措施。本书以江苏省农产品为例，运用轴辐理论和改进的引力模型进行区域物流网络规划。唐柄哲等（2016）指出引力模型是城市空间联系最为常用的模型之一，该模型由美国学者 W. J. Reilly 在 1931 年提出，认为一个城市对周围地区的吸引力与城市规模成正比，与城市之间距离成反比，是对城市空间联系定量分析的起源[7]。引力模型是以牛顿经典力学的万有引力公式为基础，通常引力模型的简化形式为

$$F_{ij} = K \frac{M_i M_j}{D_{ij}^r} \qquad (1-1)$$

式中，F_{ij} 为城市吸引力；K 为常数（也称为引力系数）；M_i 和 M_j 分别为城市 i 和 j 的质量；D_{ij} 为两城市之间的距离；r 为摩擦系数。刘鹏等（2015）的研究表明，受城市发展水平的影响，城市之间的吸引力具有不对称性[8]。借鉴已有成果，本研究采用城市间的绝对联系强度和相对联系强度进行比较，从而对引力模型进行修正。具体实施见研究模型章节。

第四节　研究思路

本书基于文献综述、统计年鉴等了解江苏省区域经济发展的现状、区域物流发展的现状，通过灰色关联分析法，了解各因素的重要性及其对系

统的影响程度差异，对区域物流与区域经济耦合协调性进行研究，用主成分回归法对江苏省的物流需求进行预测，并用轴辐理论和改进的引力模型构建江苏省区域农产品物流网络。

（1）江苏省区域物流与区域经济的灰色关联度分析。遵循物流与经济的协同指标设置原则，在查阅大量有关区域物流与经济协同评价体系资料的基础上，构建物流评价指标体系与经济评价指标体系；构建熵值赋权—灰色关联模型；对江苏省区域物流与区域经济的灰色关联度进行分析，根据研究结果找出影响江苏省物流与经济发展的关键因素。

（2）江苏省区域物流与区域经济耦合协调性研究。构建区域物流和经济协调发展的指标体系，为进一步分析做好数据准备；进行江苏省物流业与区域经济耦合协调度与空间特征分析。

（3）基于区域经济指标的区域物流需求预测研究。影响物流需求的经济因素有很多，如地区生产总值、固定资产投资总额、城镇居民生活消费支出等，在分析影响区域物流的区域经济的几个方面的基础上，构建进行物流需求预测的区域经济指标体系；基于选取的区域经济指标数据，运用主成分回归预测模型预测江苏省物流需求的预测值。

（4）基于改进引力模型与轴辐理论的江苏省农产品区域物流网络构建研究。在物流需求预测的基础上，运用引力模型和轴辐理论，根据实际改进引力模型，合理地计算取得引力模型中的各参数，以农产品为例，构建江苏省农产品区域物流网络。

本书研究思路如图 1-1 所示。

区域经济影响下江苏省区域物流发展研究

```
┌─────────────────────┐
│    研究背景、意义      │
└─────────────────────┘
           │
    ┌──────┴──────┐
    ▼             ▼
┌──────────┐  ┌──────────┐
│区域经济的相关概念│  │区域物流的相关概念│
└──────────┘  └──────────┘
    │             │
    └──────┬──────┘
           ▼
      ┌─────────┐
      │  研究综述  │
      └─────────┘
           │
           ▼
   ┌──────────────┐
   │ 理论基础和模型方法 │
   └──────────────┘
           │
    ┌──────┴──────┐
    ▼             ▼
┌──────────┐  ┌──────────┐
│区域经济影响区域物│  │区域经济影响区域物│
│流的理论基础    │  │流的研究模型    │
└──────────┘  └──────────┘
           │
           ▼
┌─────────────────────┐
│  江苏省区域物流与区域经济的 │
│     灰色关联度研究       │
└─────────────────────┘
           │
           ▼
┌─────────────────────┐
│  江苏省区域物流与区域经济  │
│  耦合协调性及时空演化研究   │
└─────────────────────┘
           │
           ▼
┌─────────────────────┐
│  基于区域经济指标的江苏省  │
│  区域物流需求 PCR 预测    │
└─────────────────────┘
           │
           ▼
┌─────────────────────┐
│  基于改进引力模型的江苏省农产品 │
│     区域物流网络构建      │
└─────────────────────┘
           │
           ▼
      ┌─────────┐
      │  对策建议  │
      └─────────┘
```

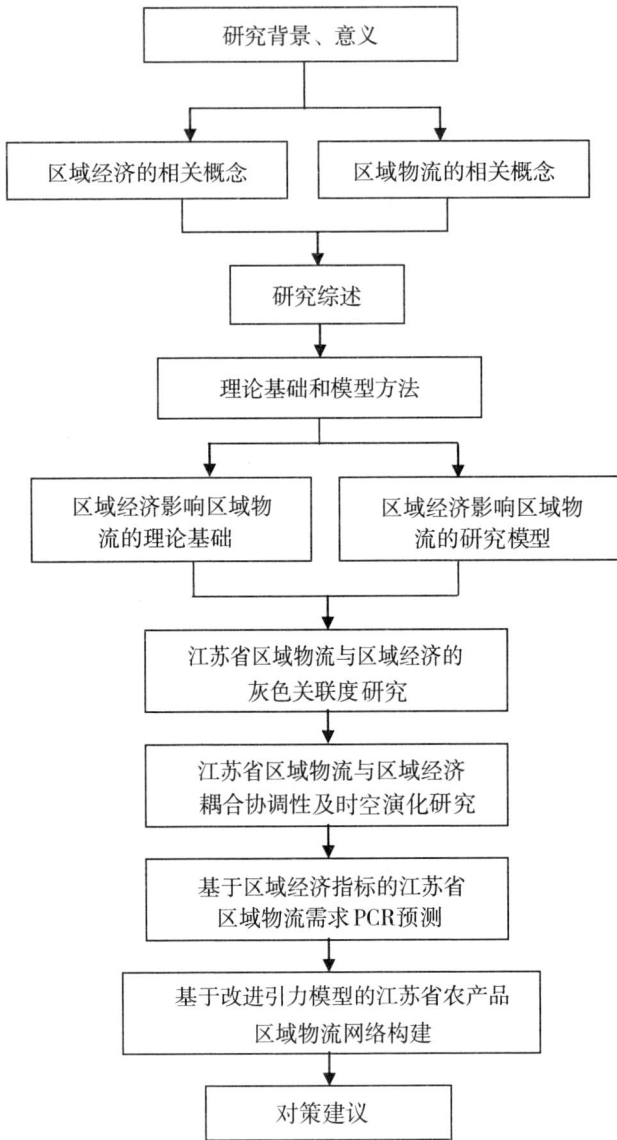

图 1-1 本书研究思路

第五节 研究内容

按照研究思路，本书主体部分共设九章，主要内容如下：

第一章为绪论。主要阐述本书的研究背景和意义，提出研究的方法和思路，以及本书主要研究内容。

第二章为基本概念和研究综述。对区域经济、区域物流等概念进行阐释，同时对区域物流与区域经济关系、物流业与区域经济耦合协调发展、区域物流需求预测、区域物流网络构建的已有研究进行梳理，主要包括已有文献对相关指标体系的设计和促进区域物流业发展的区域经济资源配置利用效率的对策建议。

第三章为理论基础和研究模型。根据对已有文献的梳理，归纳出与本书研究相关的理论基础，主要有现代物流理论、区域经济增长理论、协同发展理论、可持续发展理论等。选择的研究方法主要有主成分分析法、熵值赋权法、灰色关联模型、耦合协调度模型、空间自相关分析模型、主成分回归模型、引力模型、隶属度模型。

第四章为江苏省区域物流与区域经济的灰色关联度研究。构建协同发展评价指标体系，测度区域物流与区域经济之间的协同度。首先，借鉴国内外相关文献，选取区域物流与区域经济协同发展指标，构建熵值赋权——灰色关联度组合分析的协同度模型；其次，测算江苏省区域物流与区域经济的协同度，并找出区域物流与区域经济协同发展过程中存在的问题。

第五章为江苏省物流业与区域经济耦合协调性及时空演化研究。从"运输规模""物流资源"构建物流业指标评价体系和"经济规模""经济潜力"构建区域经济指标评价体系；进行物流业与区域经济指标的耦合协调度测算，展现出江苏省13个地级市物流业与区域经济耦合协调度随时空的变化情况，运用空间自相关分析对耦合协调度集聚态势进行评价和分析。

第六章为基于区域经济指标的江苏省区域物流需求 PCR 预测。由于区域物流系统与区域内外部经济状况息息相关，区域经济发展的水平、规模成为区域物流需求的决定性影响因素；资源和区域经济在空间上的分布不均，是产生物流需求的最直接原因；不同的产业结构对物流需求层次、结构和功能等方面影响较大，也是影响区域物流需求量的一个重要因素。据此原则构建物流需求预测的区域经济指标体系。江苏省物流需求的主成分回归预测模型：选取的区域经济指标间存在相关性，主成分回归是用降维所得到的一个或几个主成分与因变量之间进行回归分析，由于主成分之间不存在多重共线性且保留了原有变量的重要信息，所以建立它们之间的回归分析，能够提高方程和参数估计的准确度。代入相关指标数据，比较预测值与实际值，验证模型的精度。运用趋势外推法，通过选择 R 方最大值建立自变量的预测模型，将趋势外推法预测的未来年份的自变量值代入 PCR 预测模型，得出基于区域经济指标的区域物流需求的预测值。

第七章为江苏省农产品区域物流网络构建。在第六章物流需求预测的基础上，构建江苏省农产品区域物流发展评价指标体系，运用主成分分析法计算江苏省各城市的农产品物流发展水平得分，作为引力模型中的"物流质量"。通过改进的引力模型，计算出江苏省各城市的绝对引力和相对引力，运用隶属度模型，根据轴辐理论确定各轴心、辐点城市及轴心城市辐射范围、干线通道和支线通道，构建若干个物流圈，并分别对每个物流圈给出建设和发展的意见。

第八章为对策建议。归纳本书研究的主要结论，依据《江苏省"十四五"现代物流业发展规划》提出一些优化区域经济影响下江苏省区域物流发展的资源配置建议。

第九章为结语。指出本书的主要研究贡献、研究不足之处和对未来研究的展望。

第二章 基本概念和研究综述

第一节 基本概念

一、区域经济

不同的专家学者对于区域经济的概念有其不同的看法。克鲁格曼（2005）框定了空间经济学的框架之后，有关区域和空间的大部分问题就可以归结到"聚集和分散"这五个字上面[14]。高洪深教授（2010）在《区域经济学》第三版中指出，"区域经济"顾名思义就是以一个区域作为单位，包括这个单位中各个经济要素以及分布在其周围的存在紧密联系的区域发展实体。区域经济在其本质上表达的是不同区域的经济规律及其内部与外部的相互作用关系[15]。丁喜生（2018）在《区域经济学通论》中认为区域经济就是在理解经济学与地理学中有关区域概念的基础上，由人口、环境、设施等社会因素组成的系统，具有人民支持认同、地域完整的地域特性[16]。潘晓婷（2018）将区域经济概括为在特定的地域范围内，经济发展的内部因素与外部因素条件的有机结合而产生的结构联合体，且自然、社会及技术条件等因素均会对区域经济的发展造成影响，是社会经济活动专业化分工与协作在空间上的反映[17]。刘妤（2018）认为区域经济是集经济发展与地理空间为一体的综合性概念，它是一个能够独立运行并与其他地区存在经济联系的完整地区，集合区域内经济的物资、信息、人力等生产要素，实现产品转移、消费，并达到规模化生产的目的[18]。

综合已有关于区域经济概念的研究，本书认为区域经济作为衡量国民经济发展水平的综合经济要素，是一定边界范围内人们进行的所有经济活动的集中体现，具有浓厚的地方经济色彩。区域经济是一个复杂的、开放的、动态的系统，可以协同区域内的自然资源、社会资源、基础设施等要素，使其产生集社会、经济、生态等多个方面的效益。区域经济既独立，又与其他区域系统相互关联，是整个区域物流的需求系统。

二、区域物流

目前，专家和学者对于区域物流较为系统的、确切的定义在学术界还没有统一的标准，但他们普遍认可区域物流的区域经济属性。区域物流的概念最早可以追溯到 1994 年，当时的美国对于物流已经有了深刻的认识，并且出版了《物流手册》，指出区域物流是在区域范围里包含的所有物流作业环节及其相应的物流活动[19]。我国学者张定等（2014）从物流的功能角度对区域物流下定义，认为区域物流是在特定区域的辐射范围及其关联空间内，根据客户需求，将各类商品及物料从供应地到物品需求地所发生的运输、储存、装卸及搬运相关的一系列实际物品流通的活动[20]。李孟雨（2016）认为物流以创造价值、满足社会需求为目的，加快转变经济增长方式，提升区域经济竞争力和加快区域经济一体化建设进程，促使整个地区经济活动实现可持续、健康发展[21]。

基于上述学者的研究，本书认为区域物流是指在某个区域范围内，以区域经济规模和经济范围为基础，集区域网络体系、区域信息支撑体系、区域组织运作体系于一体，从事各种物流活动的综合物流服务体系，从而实现区域经济的可持续发展的活动。因本书研究江苏省区域经济与区域物流的发展情况，故本书的区域特指江苏省。

第二节 研究综述

目前，学界关于区域经济影响下区域物流发展研究主要集中于区域物流与区域经济关系的研究、物流业与区域经济耦合协调发展的研究、区域物流需求预测的研究、区域物流网络构建的研究等。

一、区域物流与区域经济关系的研究

本书梳理出目前关于区域物流与区域经济关系的研究主要集中于定性研究和定量研究两个方面。

（一）物流与经济相互关系的定性研究

对于物流与经济之间的关系研究，国外学者着重研究物流产业某一具体领域与经济之间的互动关系及其相关的原因，侧重定性研究。

Oksana 和 Agnieszka（2019）主要介绍了绿色物流与循环经济的关系，发现绿色物流能促进经济发展[22]。Kim 等（2015）通过分析韩国的五个港口物流发展情况，发现港口物流可以扩大区域就业率，创造贸易附加值，有利于社会发展进步[23]。Nguyen 等（2021）分析了从越南加入世界贸易组织之后物流因素对其经济的影响[24]。Khan 等（2019）考察了南亚区域合作联盟（South Asian Association for Regional Cooperation，SAARC）中绿色物流与社会、环境以及经济发展之间的关系，研究发现绿色物流的发展有利于南亚区域合作联盟国家社会、环境的可持续及国家的经济发展水平[25]。Popkova 和 Sergi（2020）以俄罗斯为研究对象，提出数字经济在未来能够给俄罗斯物流和运输带来新的机会、高新技术，以及数字技术的运用将是俄罗斯、东欧乃至亚洲的物流业发展的关键[26]。Graham 等（2014）研究了交通基础设施的建设对一个地区经济发展的影响，并以西班牙为例，研究发现西班牙的高铁建设（马德里—巴塞罗那走廊）在短期内对西班牙各省的经济没有明显的提高作用[27]。Cherenkov 等（2020）揭示了物流对于俄罗斯北极可持续发展的重要作用[28]。Huang 等（2014）

研究了 26 个热点经济区域与物流发展之间的关系，研究发现二者之间关系紧密且稳定[29]。

Ridwan Anas 等（2015）运用投入产出分析方法，评估慈普朗（Cipularang）至万隆地区新增铁路基础设施投资的经济效益，认为交通投资与经济增长之间联系紧密，增加运输项目所在区域投资产生的经济效益，对参与印度尼西亚运输基础设施发展的相关利益者具有重要意义[30]。

王栋和丁浩（2020）认为区域物流能力和区域经济相辅相成[31]。曹东（2010）认为区域经济的增长能够为物流业带来更多的发展机会[32]。张诚和周敏（2010）对中部物流发展趋势与经济发展趋势进行研究，发现二者是相互影响的关系[33]。范林榜（2012）对江苏的北、中、南三个地区分别进行物流与经济的关系研究，发现在经济欠发达地区物流对经济起推动作用，在经济发达地区物流对经济起拉动作用，居中者则物流与经济相互促进[34]。宋爱华（2020）发现中国物流与经济协调度较高，但二者发展水平偏低[35]。尹彦和孔庆鑫（2020）认为物流系统有利于京津冀产业集群的扩张[36]。彭晓辉和于潇（2020）研究了我国外向型经济与我国现代物流系统之间的协调发展关系[37]。

李翔和张雯静（2018）基于物流增长极这一视角探讨区域一体化的发展模式，提出了当前区域一体化的典型模式——"漩涡式星系"发展模式，为实现区域经济协同发展贡献建议[38]。杨梦洁（2018）探讨了物流与经济间的关系，指出现代物流业对宏观经济、微观经济和产业经济均具有不可忽视的影响，而国民经济在发展水平、发展规模和产业结构等方面对现代物流业发展也产生影响[39]。

（二）物流与经济相互关系的定量研究

Li 等（2017）采用灰色层次分析模型对装备制造业与物流产业的协调发展关系进行了研究[40]。Chen 等（2019）运用大数据和哈肯模型对中国五个城市的物流与经济协调发展情况进行了研究[41]。Ma 等（2021）运用熵值法和引力模型研究了物流发展与国际贸易之间的关系[42]。Yang 等

（2019）采用 DEMATEL-Bayesian 模型获得了"一带一路"沿线大城市中物流与经济协调发展的方法和路径[43]。Jiang 等（2018）运用一种新型的灰色 DANP 模型分析出了影响物流和经济两个行业发展的关键因素[44]。Andres 等（2016）通过投入产出法研究卡塔赫纳港口的情况，研究发现货运情况对当地区域经济产生很大影响，且需要增加港口邮轮等业务来增加港口收入[45]。Gao 等（2019）根据标准经济订货量（economic order quantity, EOQ）模型转化来建立燃料成本优化方法，从而减少因物流运输中断而产生的经济损失，保证高效的物流运输，从而促进经济增长[46]。Chu（2011）运用面板数据的方法研究了我国 30 个省份 1997—2008 年的数据，结果表明物流投资对经济增长有明显的促进作用[47]。Wang 和 Ma（2019）运用灰色关联模型研究了港口物流集群效应与经济发展的关系[48]。Sun 等（2018）运用模型量化区域经济、设施装备、产业需求等三个方面的关系，认为物流服务区和商业服务区的推广将促进物流园区业务收入和利润的增加，促进整体设施和环境的改善，使城市经济稳定发展[49]。

任向阳等（2021）采用耦合协调度模型对邯郸市物流与经济的协调发展情况以及影响物流发展和经济发展的关键因素进行研究[50]。郭湖斌和齐源（2018）利用复合系统理论和耦合协调度模型对长江三角洲的协同演化进行了分析，发现物流的发展在一定程度上会推动长三角经济的发展[51]。田新豹（2013）认为物流业可以作为资源型城市转型的重要转移产业，并以陕西省为例运用因子分析法以及层次分析法对其物流与经济的关系进行研究，发现物流增加值对资源型经济影响很大[52]。杨浩雄等（2019）以北京、广州等地为例建立系统动力学模型，发现地区物流与当地经济发展呈正相关[53]。梁雯等（2018）运用动态耦合模型对皖江城市带的物流与经济发展进行分析，发现 2015 年其耦合度达到高度协调水平[54]。李娜等（2017）以吉林省八个市的面板数据为样本，研究发现吉林省物流与经济呈正相关关系，物流的发展对经济有明显的促进作用[55]。高康和王茂春（2019）运用系统动力模型研究贵州省物流与经济协调发展关系，研究表明物流需求、供给能力和其自增长系数成正相关关系[56]。周晓美（2018）利用面板数据模型研究我国东、中、西部三个地区的物流业在各个地区经济发展中的作用和影响，发现二者的发展成正相关关系，三个地区由于经济水平差异导致结果存在差异[57]。陈治国等（2020）基于面板数据以耦合协调模型为计量方法研究了我国物流业与国民经济的关系[58]。岳云康等（2017）以山西省为例，运用计量模型研究物流发展与经济增长之间的互动关系，判定主要经济指标对两者联动关系的影响程度，提出区域物流发展与经济增长之间有积极的正向促进作用[59]。

二、物流业与区域经济耦合协调发展的研究

物流业是为保证社会正常生产和社会生活正常供给所必不可少的行业，是物流资源产业化而形成的一种复合型产业。在其不断发展和完善的过程中，物流业也成为支持国家经济发展的战略性主导产业。根据美国供应链调研与咨询公司 Arm strong & Associates 的数据，中国物流业市场规模在 2013 年便居于世界第一，占全球总市场的 18.6%，远远领先于位于第二位的美国，2021 年，中国全国社会物流总额更是达到了 335.2 万亿元。随着互联网技术的发展，各种科学技术在物流业中得到广泛应用，如基于GPS 的全球定位系统、地理信息系统等运输领域技术在物流中的应用，使物流与经济之间的联系更加紧密。物流与经济之间存在相互促进或相互制约的关系，如经济发展带来的基础设施建设对物流运输效率的提升和物流业的繁荣、物流成本的下降对经济增长起到的促进作用等，研究物流业与经济的协调发展对经济社会发展具有重要意义。关于物流业与经济的协调发展等方面的研究主要表现在如下两个方面。

（一）国外学者在物流业与区域经济关系的量化方面的相关研究

围绕物流业与经济协调发展问题的研究，在不同范畴已经具有了一定的研究基础，国外在物流业与区域经济关系的量化研究方面，Skjott-Larsen 等（2003）、Camuthers 等（2004）运用 DECD 模型等方法实证分

析了物流业与区域经济的关联性，论证了物流产业对区域经济发展的拉动作用 [60, 61]。Peter 和 Catherine（2018）运用美国相关的数据集，通过一定的方法，论证了区域经济集聚发展和区域物流集群之间的双向协同关系 [62]。Pablo 等（2014）利用 34 个国家 2007—2012 年的面板数据，根据生产函数，运用相关的分析法研究了物流业和信息技术对世界产出技术效率的影响，发现在其他条件不变的情况下，物流微观绩效指标的提升对区域经济产出的技术效率提升有显著的影响 [63]。

（二）关于物流与区域经济之间的耦合协调性的相关研究

一些学者借鉴物理学中两个或多个系统间相互作用并产生相互影响的耦合原理去研究，物流与区域经济之间的耦合协调性，从国家战略层面，国内学者关于二者之间的关系取得了一些研究成果。赵晓敏和佟洁（2019）基于统计年鉴数据，通过建立模型和计量经济学方法分析 2000—2017 年物流业与经济发展之间的互动关系，认为中国经济发展水平对物流业的正向影响显著，现阶段中国物流业对经济发展水平的影响不显著 [64]；张会云和马欢欢（2020）通过建立地理集中度、重心和耦合关联模型，定性定量分析相结合研究"一带一路"沿线经济发展与航空物流的产业集聚关系 [65]；杨宏伟和郑洁（2017）依据 2006—2015 年丝绸之路经济带中道 10 省（市）相关数据，构建区物流业与区域经济发展的耦合评价模型和空间自相关模型，认为物流业与区域经济协调性不断加强，耦合协调度有显著空间集聚性，地区分异化明显 [66]。

从"城市群—市—省"的逻辑，不同层面的区域物流业与区域经济的耦合协调发展能够为国家宏观战略提供有力的支撑。从经济总量上来看，2020 年长三角地区 41 座城市共实现地区生产总值 24.5 万亿元，较 2019 年增长 3%。其中江苏省地区生产总值为 102719 亿元，浙江省地区生产总值为 64613.4 亿元，上海市地区生产总值为 38700.6 亿元，安徽省地区生产总值为 38680.6 亿元。可以看出，江苏省的经济总量在长三角地区中保持绝对领先地位。

城市群方面：高康和王茂春（2018）应用 2006—2015 年泛珠江三角洲内地 9 省面板数据，构建耦合协同度模型，对区域内的经济与物流发展耦合协调度进行研究，分别基于时序和空间的视角分析二者耦合协调度的变化和特点 [67]。伍宁杰等（2019）利用长江中游城市群内 31 个城市 2008—2017 年的面板数据计算了各城市的物流产业与经济发展的耦合协调度，分析了各城市的耦合协调程度状态，给出了今后的发展建议 [68]。杨蕙嘉和赵振宇（2021）建立修正引力模型并运用空间分析方法，对 2009—2017 年长三角城市群发展质量的空间关联强度进行研究，分析表明：城市群的空间关联强度显著增强；区域呈现明显集聚特征，显著性有所减弱；高强度集聚区集中分布于东部发展质量高的地区 [69]。李宝库和李销（2020）构建多维度评价指标，运用 DEA-BCC 模型探究长三角 2000—2017 年区域物流与区域经济的互动关系及动态响应关系 [70]。郭湖斌和齐源（2018）运用耦合度模型对长三角地区 2001—2016 年间区域物流与区域经济发展的耦合协调性进行实证分析，结果表明，两系统之间的耦合协调水平不断提升，目前处于中级阶段，但有序度反映区域物流业发展不能有效推动区域经济发展 [51]。焦翔（2019）以"京津冀"和"长三角"两个典型区域作为研究对象，根据二者及其子区域 2009—2017 年的面板数据和 2020 年预测数据，采用熵值赋权法构建了交通运输和区域经济的综合评价指标体系，通过耦合模型测算、比较了二者的耦合协调度 [71]。

城市方面：王成和唐宁（2018）结合空间理论与耦合协调模型，定量测算 2005 年、2010 年、2015 年重庆市 37 个区县的乡村"三生"空间功能及其两两间的耦合度和耦合协调度，并进行空间比较和时序分析 [72]；刘颖和杨丹（2020）利用成都市 2000—2016 年的相关数据，对成都市扩张下的社会—经济—生态效益耦合协调度进行了实证研究，分析得出各子系统之间的协调状况 [73]；耿芳等（2017）构建南京市用水效率系统与经济发展系统间的耦合协调度模型，分析结果表明：2007—2014 年南京市用水效率和经济发展水平的耦合协调关系从低度、中度到高度耦合协调逐渐优化[74]。

省域方面：顾淑红和周燕蓉（2019）选取广西2001—2016年的统计数据，构建区域物流和经济发展评价指标并分析它们的关联性，探讨影响广西区域物流发展的主要经济因素，提出广西区域物流未来发展的对策与建议[75]；朱鑫彦和王红艳（2021）依据陕西省2010—2019年农产品电商与物流发展的相关数据，基于熵值赋权法构建陕西省农产品电商与物流耦合协调发展模型，分析表明，二者的耦合协调度由极度失调到初级协调整体呈上升趋势，提出促进二者螺旋式上升的对策建议[76]；黄俐波和席元凯（2019）利用2008—2017年江西省面板数据，对区域物流与区域经济的耦合协调度进行实证分析，认为两者耦合度不高，但耦合协调度较高，最后提出促进二者协调发展的相关建议[77]；贾春光等（2019）通过建立耦合协调度模型和空间自相关分析模型，对2016年之前十年间山东省17个地级市（现为16个地级市，原莱芜市并于济南市）物流业与区域经济之间的耦合协调程度进行测度，并对其随时间的演化特征和空间分布差异特征进行了分析[78]；许静艳（2020）利用安徽省2007—2016年相关数据，分析不同时间段皖北、皖中和皖南的物流竞争力与经济发展之间是相互促进的联动关系，提出相关发展建议[79]。

三、区域物流需求预测的研究综述

关于区域经济影响下区域物流需求预测等方面的研究主要表现在如下两个方面。

（一）经济与物流的关系方面的研究

区域经济是由某一区域范围内的各种经济活动的总和构成，其发展离不开区域内社会物质生产、再生产及各种生产要素和各种社会资源的配置，物流就是其中最重要的一项资源。一直以来，经济与物流的关系问题得到了学者的重点关注。现有研究可以被划分为3个方向：一是经济带动论，即有些学者认为基础设施投资、区位优势、产业结构等因素会对物流发展起促进作用。例如，余泳泽和武鹏（2010）认为经济发展水平、区位优势、地区制度变迁等对地区物流效率有显著影响[80]；徐茜和黄祖庆（2011）认为区域经济发展对区域物流的结构和发展规模具有决定性作用[81]。二是物流驱动论，即物流能够驱动经济发展。例如，Kisperska-Moron 在 1994年就研究了波兰经济过渡期的物流发展问题，认为库存情况能够一定程度地反映地区的经济发展变化[82]；李忠民和于庆岩（2014）实证分析了新丝绸之路经济带，从货物周转量的角度发现物流促进了经济带的经济增长[83]；梁红艳（2015）探讨了物流业的服务功能和调节功能促进制造业效率提升的内部机理[84]。三是相互影响论，即从经济与物流互动发展的角度研究二者的相互作用。例如，张林等（2015）运用聚类分析法研究了全国性节点城市的区域经济与物流业发展的关联性[85]；岳云康等（2017）构建灰色关联模型，实证分析了山西省物流效率、区域物流资源利用与经济增长之间的相关性[59]；宋琪和王宝海（2016）基于 VAR 模型建立协整方程，研究发现仓储、贸易、交通运输三大领域物流业的发展与经济的增长之间存在长期的协整关系[86]。由此可见，区域物流在为需求方提供服务的过程中，既提高了自身的服务水平，又促进了区域经济的发展，为区域经济发展提供了支撑，区域经济为区域物流的发展创造了基础条件，二者相互依存、相互促进。而从决策者制定发展战略视角考虑，对区域物流和区域经济的有关指标进行定量预测无疑具有重要意义，在选择指标时，区域物流需求、与区域物流需求存在较强相关性的区域经济指标纳入了研究范围。

（二）物流需求预测方法方面的研究

区域物流需求预测是指根据过去和现在的物流需求状况，考虑影响物流需求变化因素之间的关系，运用科学的方法、手段，对物流需求未来的发展变化趋势做出科学的估计和描述。近年来，一些学者对物流需求预测方法的研究取得了一些成果。Donald（2007）认为，定性法、时间序列分析法和因果分析法是进行物流需求预测的主要方法[87]。Cang 和 Yu（2014）指出，国内外大多数学者对物流需求的预测是利用历史数据、以线性回归为主导工具建立预测模型[88]。国外方面，Nuzzolo 和 Comi（2014）认为准确地预测一个地域的物流需求能够更好地解决城市内和城市间的交通运输问题[89]；Fite（2002）将各种经济指标与货运量联系起来，运用多元线性回归模型对卡车运输行业未来的货运量进行了预测，其结果对广泛的运输和物流运作有很大的帮助[90]；Nuzzolo（2014）运用一元非线性回归模型进行了物流需求量的预测[91]。国内方面，邱慧等（2016）用灰色关联分析，选取货运周转量为特征因素、人均生产总值为其相关因素，利用 GM(1,2)灰色预测模型对山西省未来 3 年的物流需求进行预测，结果表明，模型具有较高的预测精度[92]；鲁渤等（2017）借鉴引力模型思想，结合空间经济学、产业经济学等理论，构建区域物流引力模型，对内蒙古鄂尔多斯的物流需求进行预测[93]；胡小建等（2017）研究了我国社会物流总额与各种指标的关系，并构建了多元非线性组合回归模型，为估算社会物流需求量提供了理论参考[94]。一些学者建立的单一时间序列和因果关系预测模型，尚存在一些不足：一是以自变量为单一时间的时间序列预测模型，忽视了区域物流与区域经济各影响因素之间的内在联系；二是简单的一元线性回归预测模型解释力度比较单薄；三是考虑了区域经济因素对区域物流需求的影响而建立的多元回归模型，各自变量之间往往存在多重共线性，造成重复解释。凌立文和张大斌（2019）研究了单项模型筛选策略和组合权重的确定方法，用以提高组合模型预测精度[95]；吴培和李哲敏（2019）用组合模型预测，结果显示组合模型较单一模型预测精度高、相对误差小[96]。但正如王秀梅（2018）所分析的那般，总体来说，采用组合预测的研究与单项预测相比仍占少数，且受权重系数选取的影响较大，组合预测究竟是否能有效提高精度，尚无公论[97]。

研究区域经济和区域物流的预测，选择合适的研究对象十分重要。江苏省作为全国的经济大省、长三角经济圈的重要组成部分，是国家"一带一路"交汇点、长江经济带重要枢纽和长三角区域一体化核心区域，也是现代物流和电商的起点，研究江苏省的物流需求与区域产业、区域贸易以及区域消费等区域经济的发展趋势在全国有一定的代表性，具有重要的战略意义。何萍和张光明（2011）在研究江苏省区域物流发展与区域经济的关系时，确定了推动江苏省区域物流发展的区域经济因素[98]，但是没有进一步给出定量模型；还有学者在对江苏省区域物流需求预测的研究中，用有偏估计方法通过逐步回归剔除了具有多重共线性的指标，但是缩减了影响因素的范围。

四、区域物流网络构建的研究

构建高效便捷的农产品物流网络，有助于提高农产品物流资源的利用效率，加快农业产业发展，对实施乡村振兴战略具有重要意义。江苏既是经济大省，也是农业大省，研究江苏省农产品物流网络构建，有利于合理分配农产品物流资源，优化农业结构，降低区域农产品流通成本，发展优质、特色农业，为区域农业和物流企业发展提供助力。关于江苏省农产品物流网络构建等方面的研究主要表现在如下三个方面。

（一）物流网络对物流与企业之间的关系影响方面的研究

Bowen（2012）通过对 FedEx 和 UPS 两家知名快递企业的网络结构进行空间分析和前景预测，发现两家企业的配送网络结构均具备轴辐式网络结构特征[99]；Cunha 和 Silva（2007）利用启发式算法规划了辐射型网络中的配置中心，并在巴西一家散货货运公司实证了该方法在减少成本上的可行性[100]；Soleimani（2014）用启发式算法优化了航运物流网络的线路，以具体企业为例证明了能够减少运输和库存持有成本[101]；杨艳等（2012）以奇瑞整车销售物流为研究对象并借鉴 Dijkstra 算法将枢纽节点分为中心枢纽节点、混合枢纽节点、区域枢纽节点[102]。

（二）关于城市空间联系和区域发展方面的研究

在城市空间联系方面：周园等（2021）基于修正引力模型评价黄河下游沿岸18个城市空间联系特征，进行了城市联系结构分析和城市组团格局划分[103]；刘建华和李伟（2019）运用主成分分析法和修正后的引力模型研究了中原城市群30个城市的创新空间联系，进行了可视化分析[104]；彭英和余小莉（2021）运用熵值赋权法构建江苏省的13个地级市综合力竞争指数，再利用引力模型和社会网络分析法研究了江苏省城市创新空间关联及其影响因素[105]；杨蕙嘉和赵振宇（2021）、黎云莉等（2021）构建修正的引力模型，分别分析了长三角城市群的空间关联强度和广西时空格局的演化[69, 106]。在区域发展方面：陈晓雪等（2019）、张婕等（2020）分别构建了长江经济带11省市、长三角城市群的绿色发展水平的评价体系，并对时空演化进行了测度[107, 108]；刘晓萌等（2020）构建旅游经济联系强度模型，并对京津冀地区的空间格局演化进行了分析[109]。

（三）关于区域物流网络和农产品方面的研究

在区域物流网络方面：温馨等（2021）基于改进引力模型分析了"一带一路"中国区域18个区域物流的辐射能力[110]；梁晨等（2019）在预测的基础上，运用主成分分析法计算了京津冀区域13个城市各物流节点综合评价得分，以区域物流网络总成本最低为目标得出了枢纽节点[111]。关于农产品物流网络方面的研究：曹志强等（2022）、刘明玉和张立中（2020）基于因子分析法与引力模型，分别构建了广西和京津冀的农产品物流网络，并提出了相关完善建议[112, 113]；伍景琼等（2019）运用因子分析法和聚类分析法得出了云南省水果产业的轴心城市和辐点城市，根据货运联系强度和物流隶属度构建了云南省水果业轴辐式物流网络[114]；何美玲等（2021）在GM(1,1)模型预测的基础上，构建了以南京、苏州为轴心的江苏省农产品冷链物流网络[115]。

简要述评：以往文献研究的区域、方法为我们研究江苏省农产品区域物流网络构建提供了有益的借鉴，特别是在新冠肺炎疫情的持续影响下，合理的农产品物流网络构建对城市居民生活保供、战胜疫情具有重要意义，但是在指标体系的构建、模型中参数的设置等根据地域和实际的需要还可进一步优化。在前人研究成果的基础上，笔者构建了适用于特定对象的评价指标体系，改进了引力模型中的引力系数、农产品物流质量和城市距离，得到各城市间农产品物流绝对性引力强度及相对性引力强度，构建的江苏省农产品物流网络更加精确，有利于提高区域农业及农产品物流的资源配置效率，降低区域农产品流通成本，优化农业结构，加快农业产业发展，为区域农业和物流企业发展提供助力。

第三章 理论基础和研究模型

第一节 理论基础

通过对已有文献的梳理，区域经济影响下区域物流发展的理论基础主要有现代物流理论、区域经济增长理论、协同发展理论、可持续发展理论、灰色关联模型等，现将有关理论做简单阐释。

一、现代物流理论

现代物流理论兴起于 20 世纪 80 年代，是研究物流领域最新现象及其未来发展趋势的全新的理论方法体系。近年来，物流产业取得了卓有成效的发展，物流相关理论也更加丰富。越来越多的学者对物流理论展开研究，本书主要针对以下三个具有代表性的理论进行介绍。

（1）"黑大陆"和物流冰山理论。毛文富（2017）总结了由著名学者德鲁克提出的"黑大陆"理论，主要是指物流成本费用等在内的物流活动仍存在许多未知的黑暗领域，具有较大的挖掘潜力。他认为"流通是经济领域里的黑大陆"，物流作为流通领域的重要组成部分，存在很强的模糊性[116]。Munim 和 Schramm（2018）总结了最早由日本早稻田大学西泽修教授提出的物流冰山理论，认为物流费用就相当于海面上的一座冰山，露出水面的仅是冰山的一角，即人们从企业财务报表中看到的物流成本费用的数据仅是物流费用的一小部分，而物流成本的绝大部分是那些沉在水面下的、人们无法触及的区域[117]。

（2）物流效益背反理论。在物流领域中，物流功能的要素之间存在交替损益的矛盾[118]。在优化升级物流系统中的某一个功能要素的同时，不可避免地会使系统的其他功能要素产生利益的损失，反之亦然。这就是著名的物流"效益背反说"。"效益背反说"更多地体现了物流领域内物流服务与物流成本之间，物流系统的各子系统之间，运输方式的成本、库存成本与缺货成本之间的矛盾。为有效地解决"效益背反"现象，人们通过细分物流活动的功能要素，探索物流综合功能间的内在联系，从而实现总体最优的效果。

（3）物流中心理论。物流中心理论主要围绕物流的成本与服务进行论述。物流中心理论是指在企业战略中，物流作为企业成本的重要产生点，会对企业的营销活动成本产生影响[119]。为有效降低成本，可以选择管理物流一系列活动的方式予以解决。以欧美学者为代表，物流中心理论认为物流活动的最大作用并非为企业节约消耗、降低成本和增加利润，而是应将提高服务水平作为企业物流管理的重点，以达到满足客户需求、提高企业市场竞争力的目标。

二、区域经济增长理论

经济增长是现代宏观经济研究中的核心问题，不同的思想流派提出了丰富的区域经济增长理论。区域经济增长理论是关于生产资料在区域内通过优化配置、组合，尽可能获得多产出的研究理论。经过多年理论与实践的不断融合，对经济实践具有重要的指导意义。本书主要从以下几个理论对其进行阐述。

（1）平衡发展理论。平衡发展理论是基于哈罗德·多马提出的新古典经济增长模型为核心延伸出来的。平衡发展理论的观点是要打破贫穷地区供给不足与需求不足这两种恶性循环的经济模式，平衡不同地区与不同产业间的协调发展。平衡发展理论认为，改善供给不足与需求不足这两大问题的重点，应是利用平衡发展思想，同时对各个部门、产业进行投资[120]。这一方面可以提升产业间的协调发展水平，调节市场供给状况；另一方面能够形成相互支持配合的形势，扩大市场需求规模，平衡各地区、各产业间的关联互补性，大力支持平衡生产资源投资，均衡部署生产力，从而达到区域产业与区域经济协调发展的目的。平衡发展理论是以促进地区产业与经济的协调发展为目的的，但是在实践中均衡发展的条件很难实现。因为不发达地区不具备可同时投资所有产业的资金与条件，一旦选择分散投资有限的资金，使资金效用未能得到充分发挥，致使优势产业投资不足，不能获得预期较好的收益，也无法顾及其他产业实现均衡发展。即使是发达地区也会由于地理位置、经济资源、技术水平等因素上的差异，不能带动其他产业一起发展，导致不同产业的产出效果也有所不同。因此，在实际应用中，平衡发展理论具有较大的局限性，不能很好地发挥其实用性。

（2）不平衡发展理论。不平衡发展理论认为，经济部门或产业的发展是不同步、不平衡的，应找到其中的关联关系并进行资源优化配置。Lan 等（2017）等认为不平衡发展理论核心为关联效应，即各个经济部门或产业间都存在关联关系，可用产品的需求价格弹性和收入弹性计算[121]。国家或地区应将有限的资源和条件优先投资到几类重点产业或部门当中，借助优先发展的这几类重点产业或部门，推动前向与后向关联产业的经济增长。通过优先扩张和增长重点产业的规模，不断扩大对前后相关产业的投资，从而带动整个产业向前发展，实现总体经济增长。田越和杨萌（2019）指出不平衡发展理论遵循经济不平衡发展特点，充分发挥重点产业和部门的作用，有效整合优势资源，提高资源配置能力[122]。相较于平衡发展理论，不平衡发展理论更具实践性与适用性，因此被广泛运用。基于此，许多新的区域经济理论应运而生。

（3）新经济增长理论。随着科学技术的快速发展，新经济增长理论认为知识能力与技术水平的提升在经济增长中发挥的作用日益显著。传统的经济增长理论肯定"外部因素作用是经济增长的关键动力"这一观点，而新经济增长理论则认为经济增长的主要因素应该是技术、知识、资本和劳动力等内生变量。李瑞君（2014）指出新经济增长理论的观点是，不断提升技术水平和积累知识会使资本收益率不变或增长，从而带动人均产出不断增长 [123]。引入知识、人力资本等内生变量作为经济增长的主要动力与源泉，表明技术与知识是人满足自身利益投资的产物，而不是外生环境。

三、协同发展理论

协同发展在其数量上看是多系统的组合发展，在其发展程度上看是相互作用、互利发展，其主要目的是使不同的系统和资源相互成就、相互发展，最后达成同一目标。协同发展理论注重的尽管是两个独立的性质不同的系统，但是在区域发展这个共同的环境中，两系统具有相互影响和相互协作的关系。

协同学理论（即协同发展理论）由来已久，早在 1976 年就已经提出，其提出者哈肯（1990）对协同学理论进行了一系列系统而明确的阐述 [124]。他指出，不同的协同系统都会由杂乱无序发展演变为稳定有序。哈肯将序参量与控制变量引入协同理论当中，提出在一定条件下，一个包含大量子系统的系统在序参量的控制下，由于子系统的相互作用和协作，实现从无序转变为有序的状态 [125]。不管是人类社会还是自然界都是由很多个子系统组成的，各子系统围绕共同目标不断前进，就会发挥出整体的最大效应。本书以江苏省为例，强调的是不同发展水平的经济和不同发展水平的物流依次对应才能促进整体系统的协同发展，也代表着区域物流和区域经济共同组成的系统由一个无序状态转化为有序状态。目前，协同发展理论不再局限于物理学这一学科，社会学、生物学、经济学等不同的领域都对协同发展理论进行了应用，使协同学理论得到了创新和发展。

四、可持续发展理论

刘勇（2003）在《可持续发展理论》一书中指出，可持续发展是指在满足当前所需的基础上，保护后代的资源，做到不预支、不透支自然资源，做到人类社会的永续发展，既保证当代经济稳定持续发展，又能够减少污染物的产生，维护周围环境的生态平衡，实现人与自然的和谐共存，做到共同发展、协调发展[126]。

经济发展是人类社会不断进步的标志，经济的发展促使人们思维层面的进步，逐步意识到保护环境的重要性。在经济发展的历程中，要经历由发展中国家到发达国家的转变，在转变的过程中，发展中国家一般以重工业为基础，对环境的污染比较严重，对资源的开采过度，会导致生态的严重失衡，对经济的持续发展产生负面影响。可持续发展重视人与生态的和谐发展，强调生态环境在人类社会中的重要作用，生态环境不仅在经济发展中有重要的作用，而且是人类生命延续的基本保障，如果不注重环境的保护就会出现一系列的生态问题。因此，应该大力发展新兴产业，为经济发展注入活力。其中，新兴物流产业与经济发展相结合是重要的经济发展转变方式，在各个物流环节中采取有效的措施提高物流运输效率，减少人力资源的浪费，可以有效地为企业创造丰富的财富，同时物流业的发展对环境的污染较少，更加符合可持续发展的原则。在经济发展中要注重永续发展、和谐发展，对资源要有节制、持续地利用，将经济的发展速度控制在环境的自我修复的速度之下，从而实现可持续发展的目的。

五、灰色关联模型

系统的发展形态和发展趋势是由系统中不同因素共同影响的结果，但是有的因素有抑制作用，有的因素有促进作用，了解各不同因素的重要性以及它们对于系统的影响程度，从而做到少投入、多产出，提高系统效益，促进经济发展就显得尤为重要。基于此，灰色关联分析方法应运而生。灰色关联模型不局限于样本量的大小，也不要求待计算的序列满足一定的线性发展规律，并且计算难度小，过程简单易懂，非常方便。从灰色关联模型的发展演变和历程来说，1982 年，我国著名学者邓聚龙教授提出灰色系统理论，该理论可利用已知信息确定未知信息，对样本量没有严格要求且不需要服从任何分布。因此，可以利用灰色系统理论探索层次复杂、结构关系模糊、动态变化随机的领域。杜栋（2005）在《现代综合评价方法与案例精选》一书中认为，关联分析实际上是动态过程发展态势的量化分析，利用历年来有关统计数据并结合灰色系统理论可以判断指标间联系是否紧密[127]。

　　另外，在进行灰色关联分析之前，需要对区域物流和区域经济两个系统中的各个指标赋权。熵值赋权法是一种客观的赋权方法，它利用各指标的熵值所提供的信息量的大小来决定指标权重。用熵值赋权法给指标赋权可以避免各评价指标权重的人为因素干扰，使评价结果更符合实际，克服了现阶段的评价方法存在指标赋权过程受人为因素影响较大的问题。唐叶云（2020）认为，通过对各指标熵值的计算，可以衡量指标信息量的大小，从而确保所建立的指标能反映绝大部分原始信息[128]。

　　除此之外，还有许多学者致力于灰色理论的创新发展。灰色关联分析模型的创新在农业、工业、服务业等领域都能得到应用，为解决实际问题提供了可靠的方法，可以减少无谓的投入，增加关联度高的影响因素的投入，将资源用到合理的地方，做到合理分配，从而提高经济效益和社会效益。

第二节　研究模型

　　主成分分析法旨在利用降维的思想，把多指标转化为少数几个综合指标。熵值赋权法能够有效地反映出区域经济与物流业两个子系统的权重价值，使计算得出的结论更具科学性、客观性。不同的因素对系统做出的贡献是不一样的，灰色关联模型是为了研究不同因素对系统的贡献程度，而对系统中的因素进一步进行分析的工具。耦合协调度模型用来研究区域物流与区域经济之间的协调强弱程度，这样不仅能很好地评价两者之间的相互作用强度，还能反映出耦合系统的整体效应和协调程度。空间自相关分析模型可分为全局空间自相关分析和局部空间自相关分析。衡量空间自相关的全局指标应用比较多的是全局 Moran's I 指数，它可以通过空间自相关系数来分析整个区域的差异程度和空间相关程度。全局自相关是研究整

个区域内空间对象的某一属性值是否存在集聚现象，但不能描述集聚的
具体空间位置。局部空间关联指数可以揭示空间参考单元与其邻近的空
间单元属性特征值之间的相似性或相关性，识别空间集聚和空间孤立特
征，用来反映相邻或邻近的空间单元属性值的相似程度，是将全局自相关
Moran's I 指数分解到各个区域单元，是全局自相关 Moran's I 指数的具体
化和细致化。主成分回归是用主成分分析降维所得到的一个或几个主成分
与因变量进行回归分析。由于主成分之间不存在多重共线性，且保留了原
有变量的重要信息，因此建立它们之间的回归分析，能够提高方程和参数
估计的准确度。引力模型认为相邻区域之间的吸引力与区域规模成正比并
与区域之间的距离成反比，由此可以对区域物流网络进行规划。

一、主成分分析法

主成分分析法的原理是设法将原来变量重新组合成一组新的相互无关
的几个综合变量，同时根据实际需要从中取出几个较少的总和变量以尽可
能多地反映原来变量的信息的统计方法，也是数学上处理降维的一种方法。
主成分分析法是设法将原来众多具有一定相关性（比如 P 个指标），重新
组合成一组新的互相无关的综合指标来代替原来的指标。

主成分分析法的计算步骤如下。

步骤 1：原始指标数据的标准化采集。p 维随机向量 $x=(x_1,x_2,\cdots,x_p)^{\mathrm{T}}$，
n 个样品 $x_i=(x_{i1},x_{i2},\cdots,x_{ip})^{\mathrm{T}}$，$i=1,2,\cdots,n$，$n>p$，构造样本阵，对样本
阵元进行如下标准化变换：

$$Z_{ij}=\frac{x_{ij}-\overline{x_j}}{s_j^2}, \quad i=1,2,\cdots,p \qquad (3-1)$$

式中，$\overline{x_j}=\dfrac{\sum\limits_{i=1}^{n}x_{ij}}{n}$，$s_j^2=\dfrac{\sum\limits_{i=1}^{n}\left(x_{ij}-\overline{x_j}\right)^2}{n-1}$，得标准化阵 Z。

步骤 2：对标准化阵 Z 求相关系数矩阵。

$$R=\left[r_{ij}\right]_p xp=\frac{Z^{\mathrm{T}}Z}{n-1} \qquad (3-2)$$

区域经济影响下江苏省区域物流发展研究

式中，$r_{ij}=\dfrac{\sum Z_{kj}\cdot Z_{kj}}{n-1}$，$i,j=1,2,\cdots,p$。

步骤 3：解样本相关矩阵 R 的特征方程 $|R-\lambda I_p|=0$ 得 p 个特征根，确定主成分。

按 $\dfrac{\sum\limits_{j=1}^{m}\lambda_j}{\sum\limits_{j=1}^{p}\lambda_j}\geqslant 0.85$ 确定 m 值，使信息的利用率达 85% 以上，对每个 λ_j，

$j=1,2,\cdots,m$，解方程组 $Rb=\lambda_j b$ 得单位特征向量 b_j^0。

步骤 4：将标准化后的指标变量转换为主成分。

$$U_{ij}=z_i^{\mathrm{T}}b_j^0, \quad j=1,2,\cdots,m \tag{3-3}$$

U_1 称为第一主成分，U_2 称为第二主成分，$\cdots$，U_p 称为第 p 主成分。

步骤 5：对 m 个主成分进行综合评价。

对 m 个主成分进行加权求和，即得最终评价值，权数为每个主成分的方差贡献率。

二、熵值赋权法

（一）选用熵值赋权法的原因

为了更加客观地描述物流业与区域经济之间的耦合协调度，需要客观计算指标的权重。

（二）熵值赋权法的具体步骤

假设 m 个研究对象、n 个评价指标，用 X_{ij} 代表第 i（$i=1,2,\cdots,m$）个评价对象的第 j（$j=1,2,\cdots,n$）个评价指标，可得原始数据矩阵 $X=(X_{ij})_{m\times n}$，并对每一个评价指标的原始数据进行极差的标准化处理，得规范化矩阵 $Y=(Y_{ij})_{m\times n}$，标准化处理的公式如下：

$$Y_{ij} = \frac{X_j - \min(X_j)}{\max(X_j) - \min(X_j)} \qquad (3\text{-}4)$$

计算标准化处理后第 j 个评价指标下第 i 个评价对象 Y_{ij} 在该评价指标下所占比重为

$$P_{ij} = \frac{Y_{ij}}{\sum\limits_{i=1}^{m} Y_{ij}} \qquad (3\text{-}5)$$

应用熵值法计算第 j 项指标的信息熵为

$$e_j = -\frac{1}{\ln m} \sum_{i=1}^{m} p_{ij} \ln p_{ij} \qquad (3\text{-}6)$$

从而得到信息效用值为

$$d_j = 1 - e_j \qquad (3\text{-}7)$$

计算第 j 项指标的权重为

$$w_j = \frac{d_j}{\sum\limits_{j=1}^{m} d_j} \qquad (3\text{-}8)$$

三、灰色关联模型

自然界以及人类社会是由许多系统组成的。这一系列的系统共同构成了我们的生活，让我们的生活变得井井有条。不同的系统是由不同的因素组成的，有的因素对系统的发展起促进作用，有的因素对系统的发展起抑制作用，不同的因素对系统做出的贡献是不一样的，为了研究不同因素对系统的贡献程度，需要我们对系统中的因素进一步进行分析。因此，本书拟选用熵值赋权—灰色关联模型来分析江苏省区域物流与区域经济之间的关系，以达到灰关系量化、序化、显化。熵值赋权—灰色关联模型的步骤如下。

假设 $X_0 = [x_0(1), x_0(2), \cdots, x_0(k)]$ 为参考序列，$X_i = [x_i(1), x_i(2), \cdots, x_i(k)]$ 为比较序列，其中 $i = 1, 2, \cdots, m$，$k = 1, 2, \cdots, n$。

步骤 1：确定评价指标体系并查阅、获取相关指标的原始数据。

步骤 2：由于原始数据中各指标单位不同，因此需要对原始数据进行无量纲化处理。本书采用均值法对原始数据进行无量纲化处理，计算公式如下。

$$X_i' = \frac{x_i(k)}{\frac{1}{n}\sum_{k=1}^{n} x_i(k)} = [x_i'(1), x_i'(2), \cdots, x_i'(k)]$$ （3-9）

步骤 3：从评价指标体系中选取指标及相关数据确定参考序列和比较序列。

步骤 4：计算参考序列与比较序列的差序列。差序列计算公式为

$$\Delta_i(k) = \left| x_0'(k) - x_i'(k) \right|$$ （3-10）

步骤 5：计算灰色关联系数。计算公式如下：

$$\varepsilon_i(k) = \frac{\delta_{\min} + \eta \delta_{\max}}{\Delta_i(k) + \eta \delta_{\max}}$$ （3-11）

式中，$\delta_{\max} = \max_i \max_k \Delta_i(k)$；$\delta_{\min} = \min_i \min_k \Delta_i(k)$；$\eta$ 为分辨系数，取值在 0 到 1 之间，通常情况下取 $\eta=0.5$。

步骤 6：计算指标间的熵值赋权—灰色关联度，计算公式如下：

$$R_i = \frac{1}{n}\sum_{k=1}^{n} \varepsilon_i(k)$$ （3-12）

$$r_i = \sum_{i=1}^{n}\sum_{j=1}^{m} w_j R_i$$ （3-13）

四、耦合协调度模型

（一）耦合协调度模型的作用

通过耦合协调度模型来研究区域物流与区域经济之间的协调强弱程度，这样不仅能很好地评价两者之间的相互作用强度，还能反映出耦合系统的整体效应和协调程度。

（二）耦合协调度模型搭建具体步骤

设字母 C 代表耦合度，用来衡量区域经济与物流业之间协同作用的强弱程度，为避免各指标重要性不同得出的结果出现"伪协调"现象，更好地判断区域物流与经济之间的耦合协调发展程度，引入协调指数 T 和耦合协调度 D。同时设 U_1、U_2 分别表示任一城市的物流业总体发展水平评价指标计算数值、区域经济发展水平评价指标计算数值，也称为有序度，计算公式如下：

$$U = \sum_{j=1}^{m}\left(w_j \times Y_j\right) \tag{3-14}$$

耦合度为

$$C = 2*\sqrt{\frac{U_1 \times U_2}{\left(U_1 + U_2\right)^2}} \tag{3-15}$$

协调指数 T 为

$$T = \alpha U_1 + \beta U_2 \tag{3-16}$$

式中，α、β 分别为物流业、区域经济在整个协调指数中重要程度的权重系数，$\alpha+\beta=1$，考虑到区域物流系统与区域经济系统同等重要，取 $\alpha=\beta=0.5$。

耦合协调度 D 为

$$D = \sqrt{T \times C} \tag{3-17}$$

耦合协调度 $D \in [0，1]$，D 越大，说明区域经济系统与物流系统耦合协调度发展程度越高；D 越小，说明二者之间的耦合协调度发展程度越低。但是，协调水平的高低不代表经济水平和物流业发展水平的高低，部分地区出现协调度高但发展水平低的情况称作协同发展的滞后性。

五、空间自相关分析模型

依据莫兰指数建立空间自相关模型，莫兰指数分为全局莫兰指数（Global Moran's I）和局部莫兰指数（Local Moran's I），分别告诉我们是否有相关性和哪里有相关性。

1. 全局空间自相关分析

全局自相关是对整个区域的空间特征描述，其功能在于描述某种地理现象或某一属性值的整体分布，判断此现象或属性值在空间上是否有聚集特性存在。衡量空间自相关的全局指标应用比较多的是全局 Moran's I 指数，它可以通过空间自相关系数来分析整个区域的差异程度和空间相关程度。全局空间自相关指数公式为

$$I = \frac{\sum_{i=1}^{n}\sum_{j\neq i}^{n} w_{ij}\left(D_i-\overline{D}\right)\left(D_j-\overline{D}\right)}{S^2\sum_{i=1}^{n}\sum_{j\neq i}^{n} w_{ij}} \quad (3-18)$$

式中，$S^2 = \frac{1}{n}\sum_{j=1}^{n}\left(D_i-\overline{D}\right)^2$；$D_i$、$D_j$ 分别为江苏省第 i、j 个城市的耦合协调度；$\overline{D}$ 为省域内 13 个地级市耦合协调度的均值；n 为样本数，即空间单元总数；w_{ij} 为研究对象 i、j 之间的空间权重矩阵。

当 I 大于 0 时，整个区域正相关，I 越大，正相关程度越高，物流业与区域经济的耦合协调度高的城市在空间分布上集聚在一起、物流业与区域经济的耦合协调度低的城市在空间分布上集聚在一起；反之，当 I 小于 0 时，区域整体负相关，物流业与区域经济耦合协调度高的城市倾向于向耦合协调度低的城市聚集，高低相异，呈现空间分散分布。

2. 局部空间自相关分析

全局自相关研究整个区域内空间对象的某一属性值是否存在集聚现象，但不能描述集聚的具体空间位置。1994 年，Anselin 提出的局部空间关联指数（local indices of spatial association, LISA）弥补了这一局限，该指数可以揭示空间参考单元与其邻近的空间单元属性特征值之间的相似性或相关性，识别空间集聚和空间孤立特征，探测空间异质性等。因此，局部自相关是继全局自相关分析之后的进一步研究，用来反映相邻或邻近的空间单元属性值的相似程度，是将全局自相关 Moran's I 指数分解到各个区域单元，是全局自相关 Moran's I 指数的具体化和细致化，局部自相关统计量为

$$I_i = \frac{D_i - \overline{D}}{s} \sum_{j=1}^{n} w_{ij} \left(D_j - \overline{D} \right) \qquad (3\text{--}19)$$

式（3-19）中各变量所示意义同式（3-18），通常用Moran散点图来描述。LISA将空间关联模式分为以下四种：①正的空间关联包括属性值高于均值的空间单元被属性值高于均值的邻域包围（即"高—高"关联）和属性值低于均值的空间单元被属性值低于均值的邻域包围（即"低—低"关联）两种类型。②负的空间关联也有两种类型，即属性值高于均值的空间单元被属性值低于均值的邻域包围（即"高—低"关联），或者属性值低于均值的空间单元被属性值高于均值的邻域包围（即"低—高"关联）。这四种类型分别与LISA散点图中的四个象限对应。散点图按照坐标系统分为第一到第四象限，分别为"高—高""低—高""低—低""高—低"集聚4种空间关联类型。

六、主成分回归模型

在进行多变量分析时，降维能够留住变量中的重要信息，减少变量的个数，并且去掉了指标中存在的信息重复，提高了精准率，主成分分析法（principal component analysis，PCA）就是能够完成这种降维的方法，降维后的综合指标即主成分。当然，要进行主成分分析，指标数据还要满足KMO值检测和巴特莱特球形检验的要求。

而主成分回归则是用降维所得到的一个或几个主成分与因变量之间进行回归分析，由于主成分之间不存在多重共线性，且保留了原有变量的重要信息，因此建立它们之间的回归分析，能够提高方程和参数估计的准确度。主成分回归主要包括以下几个步骤。

步骤1：对原始数据进行标准化处理。标准化处理的公式为

$$Z_{ij} = \left(X_{ij} - \overline{X_j} \right) \big/ S_j \qquad (3\text{--}20)$$

式中，X_{ij}为样本值；$\overline{X_j}$为均值；S_j为标准差。

步骤2：对标准化处理的数据进行KMO值检测和巴特莱特球形检验，以判定是否适合主成分分析。

步骤 3：确定主成分。当所有 p 个变量中前面 m 个主分量 $Z_1, Z_2, \cdots, Z_m$（$m<p$）的方差之和占全部总方差的比例 α 接近 1 时（如：$\alpha \geq 0.85$ 表示前 m 个主分量的方差占全部总方差的 85% 以上），则基本保留了原来 p 个变量 $X_1, X_2, \cdots, X_p$ 的信息，根据大于 1 的特征根的方差累积贡献率，得到一个或多个主成分。

步骤 4：做主成分与因变量 Z_y 的线性回归分析，得出回归方程：

$$Z_y = a' + b_1' \cdot Z_1 + b_2' \cdot Z_2 + \cdots + b_m' \cdot Z_m \qquad （3-21）$$

式中，a' 为常量；$b_1', b_2', \cdots, b_m'$ 为系数。

步骤 5：将回归方程进行逆标准化处理。将式（3-20）带入式（3-21）进行逆标准化，并求得最终回归模型：

$$Y = a + b_1 \cdot X_1 + b_2 \cdot X_2 + \cdots + b_p \cdot X_p \qquad （3-22）$$

式中，a 为常量；$b_1, b_2, \cdots, b_p$ 为系数。

步骤 6：拟合优度检验。利用多重决定系数 R^2 检验。

$$R^2 = \frac{E_{ss}}{T_{ss}} = 1 - \frac{R_{ss}}{T_{ss}} \qquad （3-23）$$

式中，$E_{ss} = \sum \left(\hat{Y}_i - \overline{Y} \right)^2$ 为残差平方和；$R_{ss} = \sum \left(Y_i - \hat{Y}_i \right)^2$ 为回归平方和；$T_{ss} = \sum \left(Y_i - \overline{Y} \right)^2$ 为总离差平方和。

通常用修正的决定系数 $\overline{R}^2$ 来拟定优度：

$$\overline{R}^2 = 1 - (1 - R^2) \frac{n-1}{n-k-1} \qquad （3-24）$$

式中，n 为样本容量；k 为模型中回归系数的数量。

七、趋势外推法

趋势外推法又称为趋势延伸法，简称 TE 法。趋势外推法是在全面分析研究对象的过去和现在的发展之后，利用模型描述参数的变化规律，然后用这个规律推断未来趋势的方法。为了拟合数据点，现实中最常用的函数模型有线性模型、指数曲线、生长曲线和包络曲线等。当研究对象随时间的变化呈现渐进式的某种上升或下降趋势，不是跳跃式的变化，没有明显的季节波动，且能找到一个合适的函数曲线来反映这种预测对象的变化趋势，依据这种规律就可以预测出它未来的趋势和状态，这就符合使用趋势外推法进行预测的情况。然后可以建立以时间 t 为自变量、时间序列值 y 为因变量的趋势外推模型：$y=f(t)$。利用延长的自变量作为已知条件，根据拟合的模型曲线可以得到预测值，TE 法主要包括以下 6 个步骤。

步骤 1：选择预测参数。

步骤 2：收集必要的数据。

步骤 3：拟合曲线。

步骤 4：趋势外推。

步骤 5：预测说明。

步骤 6：研究预测结果在制订规划和决策中的应用。

八、改进的引力模型

传统的引力模型如下所示。

$$I_{ij} = GM_i M_j d_{ij}^{-r} \tag{3-25}$$

式中，I_{ij} 指两个城市 i、j 间的引力；G 为引力系数；M_i、M_j 指两个城市 i、j 的"物流质量"；d_{ij} 指两个城市 i、j 间的理论最短运输距离；r 为引力衰减系数，取值为 2。

由于城市的发展水平不同，所产生的相互吸引力具有不对称性，对引力模型进行如下改进：

一是对引力系数的改进。由于城市间产生的绝对性引力和相对性引力存在差异，本书借鉴周园等[103]的成果对 G 进行改进：

$$G_i = \frac{M_i}{M_i + M_j} \tag{3-26}$$

式中，G_i 表示引力系数在城市 i、j 间空间联系的方向。

二是对农产品物流质量的改进。城市间相互吸引、相互依存引力的产生，不单单是财政收入、人口等传统指标，而是能够合理代表各城市综合实力的多方面指标，本书将各城市农产品物流发展水平综合得分作为"物流质量"。

区域经济影响下江苏省区域物流发展研究

三是对城市距离 d 的改进。尽管农产品物流以公路运输为主，但由于公路等级的差异以及不同运输方式的差异，单一的公路里程不足以代表距离对城市间引力的影响，本书根据江苏省公路里程示意图获取最短公路运距，把公路运距、运费及运输时间作为农产品物流 "经济距离" 的构成要素，其计算公式如下所示：

$$\widetilde{d_{ij}} = \left(D_{ij} \times C_{ij} \times T_{ij} \right)^{\frac{1}{3}} \qquad (3-27)$$

式中，$\widetilde{d_{ij}}$ 为两个城市 i 和 j 间的经济距离；D_{ij} 表示两个城市 i 与 j 间的理论最短运输距离；C_{ij} 表示两个城市 i 与 j 间的一般运输费率；T_{ij} 表示两个城市 i 与 j 间的理论最短运输时间。

最终，本书改进的区域农产品物流引力模型为

$$I_{ij} = \frac{M_i}{\left(M_i + M_j \right)} \cdot \frac{M_i M_j}{\left[\left(D_{ij} \times C_{ij} \times T_{ij} \right)^{\frac{1}{3}} \right]^2} \qquad (3-28)$$

式中，I_{ij} 代表城市 i 对城市 j 的绝对性引力；I_{ji} 代表城市 j 对城市 i 的相对性引力。

九、隶属度模型

根据隶属度模型，能够确定辐点城市对轴心城市的隶属程度，进而确定隶属关系，隶属度的计算公式如下所示。

$$P_{ij} = \frac{I_{ij}}{\sum_{i=1}^{n} I_{ij}} \qquad (3-29)$$

式中，P_{ij} 为两个城市 i、j 间的农产品物流隶属度，表示城市 i 隶属于城市 j 的概率。

第四章 江苏省区域物流与区域经济的灰色关联度研究

"物流系统与经济系统都是极其复杂的概念，建立科学合理的评价指标体系是研究江苏省经济发展与物流行业耦合协调关系的前提。同时，系统、全面、科学的评价指标对于提高研究结果的准确性具有很大的帮助。"

第一节 江苏省区域物流与区域经济协调发展评价指标体系的构建

一、评价指标的选取原则

物流系统与经济系统都是极其复杂的概念，建立科学合理的评价指标体系是研究江苏省经济发展与物流行业耦合协调关系的前提。同时，系统、全面、科学的评价指标对于提高研究结果的准确性具有很大的帮助。为了使评价指标更具可信性和科学性，依据前人已有的研究基础，本书在选取评价指标时主要遵循以下四个原则。

（1）科学性原则。评价指标的选取需遵循物流与经济两个子系统的客观发展规律。一方面，指标不宜过多或过细，以免出现计算烦琐、信息重叠等问题；另一方面，指标也不宜过少或过简，避免信息缺失导致结果不准确。需从专业、权威的期刊、图书和网站获取所需指标及其相关数据，使所选取的评价指标更加清楚、明确。另外，物流与经济指标体系的层次划分以及具体指标的选择都要在全面了解和掌握相关理论的基础上进行。以科学的态度选取评价指标，有利于对研究区域做出更为准确的测评。

（2）系统性原则。系统性原则要求各评价指标之间应该具有一定的逻辑关系。因此，在对区域物流、区域经济两个系统的协调发展进行综合评价时选取的各项指标一方面要真实客观地反映每个系统自身的发展情况，另一方面评价指标也应反映子系统之间的相互关系。不同级别指标间要有一定的结构，大指标下面包括小指标，反过来小指标可以集合成一个整体，整个评价指标体系自上而下，层层包含，逻辑清晰，从而形成系统、科学、全面的评价指标体系。

（3）可操作性原则。评价指标体系的构建要充分考虑现实情况，不能过于理论化或理想化，避免找不到相应数据和资料，导致研究无法继续。要结合实用性及可操作性原则，尽量寻找一些代表性强、可量化、易获取并且来自权威机构公布的统计数据。

（4）动态性原则。区域协调发展能力和水平是不断发展变化的，评价时要综合考虑其动态和静态两种情况。因此，评价指标的选取需收集多个年份的数据，把握其演变情况，便于对其发展变化过程进行总结归纳。

二、数据来源

本书以江苏省区域物流与区域经济为研究对象，并通过收集江苏省2011—2020年物流与经济的相关指标及其数据进行研究。本书所选取的数据来源于2012—2021年《江苏统计年鉴》。

三、区域物流指标选取

以上述评价指标选取原则为基础，参考 Kisperska-Moron（1994），Yildirim 和 Mercangoz（2020），马莉等（2020），赵宏伟等（2020）和钱文俊等（2020）学者关于区域物流相关研究的指标选取，构建江苏省区域物流评价指标体系[82, 129-132]。结合江苏省物流产业发展的具体情况，本书拟从物流需求、物流供给能力和物流可持续发展三个方面选取七个代表性的评价指标以建立江苏省区域物流评价指标体系。其中，物流需求包括货运量、货物周转量和邮电业务总量，物流供给能力包括公路通车里程和载货车船拥有量，物流可持续发展包括交通运输、仓储和邮政业实现增加值及营业收入。

（1）物流需求。货运量（L_1）是指在一定时期内，各种运输工具（包括铁路、公路、水运、民用航空和输油管道）实际运送的货物数量。它是反映运输业为国民经济和人民生活服务的数量指标，也是制订和检查运输生产计划、研究运输发展规模和速度的重要指标，同时也可以很好地反映一个地区的物流需求。货物周转量（L_2）是指在一定时期内，由各种运输工具（包括铁路、公路、水运、民用航空和输油管道）运送的货物数量与其相应运输距离的乘积总和。它是反映运输业生产总成果的重要指标，也是编制和检查运输生产计划、计算运输效率、劳动生产率及核算运输单位成本的主要基础资料。邮电业务总量（L_3）是指以价值量形式表现的邮电通信企业为社会提供各类邮电通信服务的总数量。它表现出邮电、快递等的区域需求，能够真实地反映出物流需求的情况，是研究邮电业务量构成和发展趋势的重要指标。

（2）物流供给能力。公路通车里程（L_4）是指在一定时期内实际达到一定标准规定的等级公路，并经公路主管部门正式验收交付使用的公路里程数。该指标代表江苏省的公路建设程度和物流承载能力，是地区公路发展规模的重要衡量标准，能够体现出一个地区公路物流的供给能力。载货车船拥有量（L_5）是指一个地区的载货汽车、客货船和客船数量，能够表现出一个地区车、船对于货物的运输供给。该指标大小反映某地区物流运输的顺利进行能否得到保障，且能够量化该地区的物流输出能力。

（3）物流可持续发展。交通运输、仓储和邮政业是评价区域物流发展的重要指标，三大行业的实现增加值（L_6）和营业收入（L_7）能够反映物流产业的可持续发展潜力。前者可以反映出物流行业在经济建设中的地位，并间接反映该地区物流产业发展的规模和速度及可持续发展能力；后者能够反映出物流产业的产值以及该行业作为新兴产业对于经济发展的贡献程度，能够展现物流产业作为第三利润源的可持续发展能力。

四、区域经济指标选取

参考张中强和宋学锋（2013）、肖静和董庆雪（2017）以及揭仕军（2018）关于区域物流与区域经济相关研究的指标选取，构建江苏省区域经济评价指标体系[133-135]。结合江苏省发展的实际情况，本书从区域经济总量、居民消费和区域经济效益三个方面选取了七个具有代表性的经济评价指标。其中，区域经济总量包括第三产业增加值、地区生产总值和公共财政预算收入，居民消费包括城镇居民人均可支配收入和农村居民人均可支配收入，区域经济效益包括对外贸易进出口总额和社会消费品零售总额。

（1）区域经济总量。第三产业增加值（E_1）是指各类服务业或商业在周期内相对于上一个清算周期的增长值。第三产业作为经济发展的支柱性产业，可以较好地反映江苏省经济发展态势。地区生产总值（E_2）是指本地区所有常住单位在一定时期内生产活动的最终成果，地区生产总值等于各产业生产值之和。该指标可以准确、快速地反映地区经济规模和经济结构，是衡量地区经济发展情况的重要因素。公共财政预算收入（E_3）是指政府凭借国家政治权力，以社会管理者身份筹集以税收为主体的财政收入，主要用于保障和改善民生、维持国家行政职能正常运转、保障国家安全等方面。利用该指标可以判断地方政府财政状况并显示当地税收水平，进而间接反映地区经济发展水平。

（2）居民消费。城镇居民人均可支配收入（E_4）和农村居民人均可支配收入（E_5）是居民用来自由支配的收入，标志着居民的购买力，是反映居民收入水平的核心指标，可以用来衡量人民的生活水平和消费水平。该指标可以间接表现居民可以支配返归社会生产的经济总量，并通过消费和投资的形式来进行社会再生产。

（3）区域经济效益。对外贸易进出口总额（E_6）指实际进出某地区的货物总金额。该指标用以观察一个地区在对外贸易方面的总规模，是衡量一地区对外贸易状况的重要经济指标。社会消费品零售总额（E_7）指企业（单位、个体户）通过交易直接售给个人、社会集团非生产、非经营用的实物商品金额，以及提供餐饮服务所取得的收入金额。社会消费品零售总额是表现一地区消费需求最直接的数据类型。它是反映各行业通过多种商品流通渠道向居民和社会集团供应的生活消费品总量，是研究一地区零售市场变动情况、反映经济景气程度的重要指标。

综上，本书所构建的江苏省区域物流与区域经济协调发展评价指标体系如表 4-1 所示。

表 4-1　江苏省区域物流与区域经济协调发展评价指标体系

系统	一级指标	二级指标	符号	单位
区域物流	物流需求	货运量	L_1	万吨
		货物周转量	L_2	亿吨·千米
		邮电业务总量	L_3	亿元
	物流供给能力	公路通车里程	L_4	千米
		载货车船拥有量	L_5	辆/艘
	物流可持续发展	交通运输、仓储和邮政业实现增加值	L_6	亿元
		交通运输、仓储和邮政业营业收入	L_7	亿元
区域经济	区域经济总量	第三产业增加值	E_1	亿元
		地区生产总值	E_2	亿元
		公共财政预算收入	E_3	亿元
	居民消费	城镇居民人均可支配收入	E_4	元
		农村居民人均可支配收入	E_5	元
	区域经济效益	对外贸易进出口总额	E_6	亿美元
		社会消费品零售总额	E_7	亿元

第二节　江苏省区域物流与区域经济的灰色关联度研究

一、关联度等级划分标准

分析专家学者的关联度划分标准，结合区域经济与区域物流发展特点，将经济与物流两个系统的关联度划分为较弱、适中、较强、极强四个等级，具体熵值赋权—灰色关联度强弱关系如表 4-2 所示。

表 4-2　关联度制定标准

关联度	较弱	适中	较强	极强
等级标准	$0 \leqslant r < 0.35$	$0.35 \leqslant r < 0.65$	$0.65 \leqslant r < 0.85$	$0.85 \leqslant r \leqslant 1$

（1）当 $r = 0$ 时，区域物流与区域经济之间的关联度处于完全无序状态，表明二者系统要素与要素之间无任何关联关系，即系统处于初始状态，协同度最小。

（2）当 $0 < r < 0.35$ 时，区域物流与区域经济之间的关联度较弱，表明区域物流与区域经济系统仍处于传统的发展模式，区域物流市场与物流产业规模较小，区域范围内对物流的需求低，二者之间不存在相互作用，系统的协同程度处于非协同状态。

（3）当 $0.35 \leqslant r < 0.65$ 时，区域物流与区域经济之间的关联度适中，说明此阶段的区域物流产业与经济发展水平有所提升，该阶段对区域物流产业、区域经济和协同发展程度均是一个重要的转折点，两者之间存在一定的相互作用，但不明显。

（4）当 $0.65 \leqslant r < 0.85$ 时，区域物流与区域经济之间的关联度较强，表明二者系统要素与要素之间存在的相互作用又进一步加强，这一阶段的系统在区域物流与区域经济的发展水平以及协同程度方面都有极大的提高，又跨越了另一个重要拐点，区域物流与区域经济系统的发展步入磨合期，这是系统协同发展的一个关键时期。

（5）当 $0.85 \leqslant r < 1.0$ 时，区域物流与区域经济之间的关联度极强，表明系统的内部各要素和系统之间存在很大的关联关系，区域物流与区域经济系统整体呈现有序状态，两者会表现出协同发展的模式，且协同关联度值越大，区域物流与区域经济协同发展程度越大。

（6）当 $r=1.0$ 时，区域物流与区域经济之间的关联度达到最大值，表明区域物流与区域经济系统将各自的能力发挥到极致，区域物流现代化服务水平高，为区域经济在供给能力等方面给予充分保证，区域经济持续健康发展，为区域物流创造了良好的发展环境，两者相互促进，相互协同，充分实现二者利益最大化。

二、江苏省区域物流与区域经济的熵值赋权—灰色关联度测算

依据熵值赋权—灰色关联模型，下面对江苏省区域物流与区域经济的熵值赋权—灰色关联度进行测算。

步骤 1：确定评价指标及相关数据。查阅 2012—2021 年《江苏统计年鉴》，获取江苏省区域物流与区域经济协调发展评价指标体系中相关指标数据。物流与经济指标的原始数据见表 4-3 和表 4-4。

表 4-3　江苏省 2011—2020 年各项物流指标数据

年份	L_1/ 万吨	L_2/ 亿吨·千米	L_3/ 亿元	L_4/ 千米	L_5/ 辆	L_6/ 亿元	L_7/ 亿元
2011	212594	7513.99	974.30	152247	555353	359.63	2660.06
2012	231295	8474.64	1120.37	154118	574017	224.47	2881.06
2013	194048	10536.84	1252.18	156094	596985	147.71	3047.10
2014	208623	11028.47	1680.80	157521	621648	166.04	3293.50
2015	211648	7374.00	2280.60	158805	593633	114.29	3476.60
2016	215651	8290.69	1860.33	157304	792324	129.12	3766.10
2017	234092	9726.51	2948.63	158475	837915	260.51	4057.00
2018	247388	9684.01	5861.83	158729	882719	221.00	4493.62
2019	281060	11114.57	8973.55	159937	814739	205.62	4975.82
2020	288513	11538.86	10881.16	158101	781287	69.89	5047.80

区域经济影响下江苏省区域物流发展研究

表 4-4　江苏省 2011—2020 年各项经济指标数据

年份	E_1/ 亿元	E_2/ 亿元	E_3/ 亿元	E_4/ 元	E_5/ 元	E_6/ 亿美元	E_7/ 亿元
2011	3578.19	48839.21	5148.92	26341	10805	5813.74	15988.38
2012	2610.53	53701.92	5860.69	29677	12202	5887.95	18331.30
2013	3442.75	59349.41	6568.46	32538	13598	5932.74	20796.50
2014	3421.77	64830.51	7233.14	34346	14958	6093.14	23458.07
2015	3757.42	71255.93	8028.59	37173	16257	5810.72	25876.77
2016	4337.88	77350.85	8121.23	40152	17606	5475.16	28707.12
2017	4430.92	85869.76	8171.53	43622	19158	6367.80	31737.41
2018	4235.98	93207.55	8630.16	47200	20845	7172.38	33230.35
2019	3915.58	98656.82	8802.36	51056	22675	6784.51	37672.51
2020	3103.78	102718.98	9058.99	53102	24198	6840.45	37086.06

步骤 2：数据无量纲化处理。依据式（3-9）对原始数据进行无量纲化处理，结果见表 4-5 和表 4-6。

表 4-5　物流指标数据无量纲化处理结果

年份	L_1	L_2	L_3	L_4	L_5	L_6	L_7
2011	0.9144	0.7886	0.2575	0.9689	0.7877	1.8945	0.7056
2012	0.9949	0.8894	0.2961	0.9808	0.8141	1.1825	0.7642
2013	0.8346	1.1059	0.3310	0.9934	0.8467	0.7781	0.8083
2014	0.8973	1.1574	0.4443	1.0025	0.8817	0.8747	0.8736
2015	0.9103	0.7739	0.6028	1.0106	0.8420	0.6021	0.9222
2016	0.9276	0.8701	0.4917	1.0011	1.1238	0.6802	0.9990
2017	1.0069	1.0208	0.7794	1.0085	1.1884	1.3723	1.0762
2018	1.0641	1.0163	1.5494	1.0102	1.2520	1.1642	1.1920
2019	1.2089	1.1665	2.3718	1.0178	1.1556	1.0832	1.3199
2020	1.2410	1.2110	2.8760	1.0062	1.1081	0.3682	1.3390

表 4-6　经济指标数据无量纲化处理结果

年份	E_1	E_2	E_3	E_4	E_5	E_6	E_7
2011	0.9714	0.6462	0.6809	0.6665	0.6271	0.9350	0.5859
2012	0.7087	0.7105	0.7750	0.7509	0.7082	0.9469	0.6718
2013	0.9346	0.7853	0.8686	0.8233	0.7892	0.9541	0.7621
2014	0.9290	0.8578	0.9565	0.8691	0.8681	0.9799	0.8596
2015	1.0201	0.9428	1.0616	0.9406	0.9435	0.9345	0.9483
2016	1.1777	1.0235	1.0739	1.0160	1.0218	0.8806	1.0520
2017	1.2029	1.1362	1.0805	1.1038	1.1119	1.0241	1.1630
2018	1.1500	1.2333	1.1412	1.1943	1.2098	1.1535	1.2177
2019	1.0630	1.3054	1.1640	1.2919	1.3160	1.0911	1.3805
2020	0.8426	1.3591	1.1979	1.3437	1.4044	1.1001	1.3590

步骤 3：确定参考序列和比较序列。依次将每一个物流指标、经济指标作为参考序列，然后分别将经济系统中的指标与物流系统中的指标作为比较序列进行计算。下面以货运量作为参考序列、经济系统中的各个指标作为比较序列为例，展示熵值赋权—灰色关联模型计算过程，见表 4-7。

表 4-7　参考序列与比较序列表——以货运量和经济指标为例

年份	L_1	E_1	E_2	E_3	E_4	E_5	E_6	E_7
2011	0.9144	0.9714	0.6462	0.6809	0.6665	0.6271	0.9350	0.5859
2012	0.9949	0.7087	0.7105	0.7750	0.7509	0.7082	0.9469	0.6718
2013	0.8346	0.9346	0.7853	0.8686	0.8233	0.7892	0.9541	0.7621
2014	0.8973	0.9290	0.8578	0.9565	0.8691	0.8681	0.9799	0.8596
2015	0.9103	1.0201	0.9428	1.0616	0.9406	0.9435	0.9345	0.9483
2016	0.9276	1.1777	1.0235	1.0739	1.0160	1.0218	0.8806	1.0520
2017	1.0069	1.2029	1.1362	1.0805	1.1038	1.1119	1.0241	1.1630
2018	1.0641	1.1500	1.2333	1.1412	1.1943	1.2098	1.1535	1.2177
2019	1.2089	1.0630	1.3054	1.1640	1.2919	1.3160	1.0911	1.3805
2020	1.2410	0.8426	1.3591	1.1979	1.3437	1.4044	1.1001	1.3590

区域经济影响下江苏省区域物流发展研究

步骤 4：计算差序列。根据式（3-10）计算货运量与各个经济指标的差序列，计算结果如表 4-8 所示。

表 4-8　差序列计算结果——以货运量和经济指标为例

年份	Δ_1	Δ_2	Δ_3	Δ_4	Δ_5	Δ_6	Δ_7
2011	0.0570	0.2682	0.2335	0.2479	0.2873	0.0206	0.3285
2012	0.2862	0.2844	0.2199	0.2440	0.2867	0.0480	0.3231
2013	0.1000	0.0493	0.0340	0.0113	0.0454	0.1195	0.0725
2014	0.0317	0.0395	0.0592	0.0282	0.0292	0.0826	0.0377
2015	0.1098	0.0325	0.1513	0.0303	0.0332	0.0242	0.0380
2016	0.2501	0.0959	0.1463	0.0884	0.0942	0.0470	0.1244
2017	0.1960	0.1293	0.0736	0.0969	0.1050	0.0172	0.1561
2018	0.0859	0.1692	0.0771	0.1302	0.1457	0.0894	0.1536
2019	0.1459	0.0965	0.0449	0.0830	0.1071	0.1178	0.1716
2020	0.3984	0.1181	0.0431	0.1027	0.1634	0.1409	0.1180

步骤 5：计算灰色关联系数。依据式（3-11）计算各年货运量（物流指标）与各个经济指标的灰色关联系数，相关矩阵计算结果如表 4-9 所示。

表 4-9　灰色关联系数计算结果——以货运量和经济指标为例

年份	L_1 对 E_1	L_1 对 E_2	L_1 对 E_3	L_1 对 E_4	L_1 对 E_5	L_1 对 E_6	L_1 对 E_7
2011	0.8216	0.4504	0.4865	0.4708	0.4327	0.9577	0.3989
2012	0.4337	0.4353	0.5023	0.4750	0.4332	0.8515	0.4030
2013	0.7035	0.8471	0.9027	1.0000	0.8606	0.6605	0.7748
2014	0.9117	0.8819	0.8146	0.9257	0.9216	0.7470	0.8886
2015	0.6812	0.9085	0.6006	0.9172	0.9058	0.9423	0.8874
2016	0.4685	0.7133	0.6093	0.7319	0.7175	0.8550	0.6505
2017	0.5326	0.6408	0.7716	0.7109	0.6920	0.9727	0.5925
2018	0.7383	0.5714	0.7619	0.6390	0.6103	0.7294	0.5967
2019	0.6100	0.7119	0.8624	0.7459	0.6872	0.6640	0.5677
2020	0.3522	0.6634	0.8688	0.6973	0.5805	0.6189	0.6636
平均值	0.6253	0.6824	0.7180	0.7314	0.6841	0.7999	0.6424

步骤 6：确定评价指标权重。运用熵值赋权法对江苏省区域物流与区域经济各指标进行赋权，计算公式见式（3-5）至式（3-8），计算结果如表 4-10 所示。

表 4-10　物流与经济指标权重

物流指标	L_1	L_2	L_3	L_4	L_5	L_6	L_7
熵权	0.2107	0.1596	0.1036	0.0968	0.1517	0.1394	0.1382
经济指标	E_1	E_2	E_3	E_4	E_5	E_6	E_7
熵权	0.1986	0.1532	0.1560	0.0983	0.0651	0.1666	0.1622

步骤 7：计算区域物流与区域经济指标间的熵值赋权—灰色关联度。重复步骤 3 至步骤 5 确定各个物流指标与经济系统、各个经济指标与物流系统的灰色关联系数，然后依据式（3-12）和式（3-13）计算物流（经济）指标对经济（物流）指标的熵值赋权—灰色关联度，结果见表 4-11 和表 4-12。

表 4-11　物流指标对经济指标的熵值赋权 – 灰色关联度

指标	E_1	E_2	E_3	E_4	E_5	E_6	E_7	关联度	排序
L_1	0.6253	0.6824	0.7180	0.7314	0.6841	0.7999	0.6424	0.6946	4
L_2	0.4895	0.5152	0.6385	0.5487	0.5128	0.6838	0.4806	0.5549	7
L_3	0.7573	0.8231	0.7877	0.8159	0.8249	0.7809	0.8284	0.7977	1
L_4	0.6940	0.5437	0.6358	0.5728	0.5494	0.7805	0.5169	0.6263	6
L_5	0.6409	0.6698	0.7145	0.6828	0.6468	0.6244	0.6461	0.6594	5
L_6	0.7288	0.7046	0.6994	0.7082	0.7042	0.7378	0.6967	0.7132	3
L_7	0.6480	0.8932	0.7968	0.9463	0.8985	0.6840	0.8375	0.7911	2

表 4-12　经济指标对物流指标的熵值赋权—灰色关联度

指标	L_1	L_2	L_3	L_4	L_5	L_6	L_7	关联度	排序
E_1	0.8687	0.8336	0.6119	0.9067	0.9056	0.7927	0.8683	0.8351	3
E_2	0.8708	0.8124	0.6050	0.8064	0.8965	0.7296	0.9675	0.8253	5
E_3	0.8931	0.8713	0.5938	0.8706	0.9162	0.7375	0.9242	0.8425	2
E_4	0.8876	0.8278	0.5971	0.8204	0.8975	0.7300	0.9814	0.8340	4
E_5	0.8632	0.8028	0.5971	0.7996	0.8793	0.7211	0.9636	0.8163	7
E_6	0.9315	0.9027	0.6020	0.9367	0.8911	0.7818	0.8763	0.8586	1
E_7	0.8573	0.7986	0.6151	0.7963	0.8902	0.7284	0.9518	0.8170	6

三、江苏省区域物流与区域经济的熵值赋权 – 灰色关联度结果分析

（一）江苏省区域物流评价指标对区域经济影响的关联性分析

由表 4-11 可知，物流指标中货运量（L_1）、邮电业务总量（L_3）、载货车船拥有量（L_5）、交通运输、仓储和邮政业实现增加值（L_6）及营业收入（L_7）对区域经济的熵值赋权—灰色关联度都处于 0.65~0.80 区间，处于较强关联等级。而货物周转量（L_2）和公路通车里程（L_4）对于区域经济的熵值赋权—灰色关联度处于 0.55~0.65 区间，关联度适中。对各熵权—灰色关联度进行排序分析（见表 4-11），可以得到影响江苏省区域经济发展的物流指标排序：邮电业务总量 > 交通运输、仓储和邮政业营业收入 > 交通运输、仓储和邮政业实现增加值 > 货运量 > 载货车船拥有量 > 公路通车里程 > 货物周转量。与区域经济关联程度相对较高的物流指标是邮电业务总量（L_3）、交通运输、仓储和邮政业实现增加值（L_6）及交通运输、仓储和邮政业营业收入（L_7）。其中，邮电业务总量（L_3）对区域经济的熵值赋权 – 灰色关联度为 0.7977，与区域经济的关联程度最大；交通运输、仓储和邮政业营业收入（L_7）对区域经济的熵值赋权—灰色关

联度为 0.7911，在所有物流评价指标与区域经济的关联程度中排名第二；交通运输、仓储和邮政业实现增加值（L_6）对区域经济的熵值赋权—灰色关联度为 0.7132，在物流系统评价指标与区域经济的关联程度中排名第三。这充分说明了江苏省区域物流产业在邮电业务总量，交通运输、仓储和邮政业营业收入及实现增加值等三个方面对江苏省区域经济发展的拉动作用。而对江苏省区域经济系统影响较弱的区域物流指标为公路通车里程（L_4）和货物周转量（L_2），表明这两个指标对江苏省区域经济的发展没有明显的拉动作用。

在江苏省区域物流评价指标体系中，对区域经济发展水平影响最大的指标是邮电业务总量。邮电业务总量是指以价值量形式表现的邮电通信企业为社会提供各类邮电通信服务的总数量。它表现出邮电、快递等的区域需求，能够真实地反映出物流需求的情况，是研究邮电业务量构成和发展趋势的重要指标。江苏省 2011—2020 年邮电业务总量增长率分别为 -56%，13%，12%，34%，36%，-18%，59%，99%，53% 和 21%。综合看来，江苏省的邮电业务总量处于较快的增长阶段，这与电子商务的普及和人民生活水平的提高密切相关。特别是新冠肺炎疫情以来，线下购物受到了极大的限制，线上购物成了大多数消费者的选择，邮政和电信业务的增加势必对江苏省的区域经济增长具有持续拉动作用。因此，江苏省应继续完善物流行业标准支撑，以推动物流产业的健康可持续发展。具体来说，应围绕现代流通体系建设，研制一批智慧物流、跨境电子商务、海外仓等重点领域标准，健全多式联运标准体系。完善快递安全生产和包装治理等相关标准，并进一步健全物流产业标准化试点示范管理制度。

交通运输、仓储和邮政业营业收入对江苏省区域经济发展的影响程度排名第二。该物流指标反映出江苏省物流产业产值及该产业对于区域经济发展的贡献程度。江苏省地理位置优越，铁路、公路和水路网纵横交错，作为新兴产业的物流行业对江苏省经济发展的影响更加深刻。依托自身的资源优势，江苏省应通过完善相关物流信息系统和规则标准、优化运输方案、开展专业化多式联运业务以降低物流运营成本，从而进一步提高交通

区域经济影响下江苏省区域物流发展研究

运输、仓储和邮政业营业收入。具体说来，应加快推动多种运输方式的信息平台互联互通，应用全程"一单制"联运服务，使铁路运单、订舱托运单、海运提单、邮政快递运单等实现单证信息交叉验证与互认。丰富联运服务产品，依托江苏省自有综合货运枢纽，提供优质的全程联运方案，实现货运全程跟踪定位查询功能，开展冷链等专业化多式联运业务。

交通运输、仓储和邮政业实现增加值对江苏省区域经济发展的影响程度也较大，这表明经济增长与物流行业的发展有着密切的联系，物流市场需求对提高物流业发展水平、促进区域经济发展具有重要的推动作用。近年来，在智能化、大数据盛行的背景下，江苏省不断完善物流基础设施并给予物流行业极大的政策支持，加快推进物流资源整合，不断提高现代物流产业发展应具备的业务水平和创新能力，使该省的物流产业与经济发展的互动关系更为紧密。

（二）江苏省区域经济评价指标对区域物流影响的关联性分析

由表 4-12 可知，经济指标中对外贸易进出口总额（E_6）对区域物流的熵值赋权—灰色关联度为 0.8586，处于极强关联等级。而其余经济指标对江苏省区域物流的熵值赋权—灰色关联度均处于 0.80~0.85 区间，说明这些经济因素对江苏省区域物流的影响处于较强关联阶段，它们的相互影响程度比较大。进一步地，通过对表 4-12 中的结果进行综合分析可以得到，影响江苏省区域物流发展的经济指标排序：对外贸易进出口总额 > 公共财政预算收入 > 第三产业增加值 > 城镇居民人均可支配收入 > 地区生产总值 > 社会消费品零售总额 > 农村居民人均可支配收入。与区域物流关联程度相对较高的经济指标是第三产业增加值（E_1）、公共财政预算收入（E_3）和对外贸易进出口总额（E_6）。其中，对外贸易进出口总额（E_6）对区域物流的熵值赋权—灰色关联度为 0.8586，与区域物流的关联程度最大；公共财政预算收入（E_3）对区域物流的熵值赋权—灰色关联度为 0.8425，在所有经济评价指标与区域物流的关联程度中排名第二；第三产业增加值（E_1）对区域物流的熵值赋权—灰色关联度为 0.8351，在经济系统评价指标与区域物流的关联程度中排名第三。这充分说明了江苏省区域经济在对外贸易进出口总额、公共财政预算收入和第三产业增加值等三个方面对江苏省区域物流系统发展的促进作用。而对江苏省区域物流系统影响较弱的区域经济指标为社会消费品零售总额（E_7）和农村居民人均可支配收入（E_5），表明这两个指标对江苏省区域物流系统的发展没有明显的促进作用。

在江苏省区域经济评价指标体系中，对区域物流发展影响最大的指标是对外贸易进出口总额。该经济指标表示一个地区在对外贸易方面的总规模，是衡量该地区对外贸易状况的重要经济指标。进出口贸易是一个物流系统不断运作的过程，需要生产、装卸、运输、流通加工、销售等一系列环节，而这些核心环节与物流系统息息相关，对外贸易的蓬勃发展为现代物流业提供了更多的发展空间和机会。近年来，江苏省借助其区位优势、经济优势，不断发展对外进出口贸易，从而带动了物流产业的高速发展。然而，对外进出口贸易的繁荣必须以保障国际物流畅通为基础。下一步，江苏省应支持优势企业参与国际物流基础设施投资和国际道路运输合作，畅通国际物流通道。推动物流型境外经贸合作区建设，打造国际物流网络支点。引导和支持骨干商贸企业、跨境电商平台、跨境物流企业等高质量推进海外仓、海外物流中心建设，完善全球营销和物流服务网络。最后，积极培育有国际竞争力的航运企业，持续增强航运自主可控能力。

公共财政预算收入对江苏省区域物流系统发展的影响程度排名第二。利用该指标可以判断地方政府财政状况并显示当地税收水平，进而间接反映地区经济发展水平。江苏省 2011—2020 年公共财政预算收入增长率分别为 26%，14%，12%，10%，11%，1%，1%，6%，2% 和 3%。综合来看，江苏省整体经济发展态势良好，2011—2015 年公共财政预算收入增长迅速，2016—2020 年该指标增速放缓。公共财政预算收入的不断提高能够为物流业的发展提供更多的技术支持和资金保障，有利于江苏省区域物流朝着技术化、智能化方向发展。物流行业作为新兴产业已逐渐成为政府税收的重要来源，其未来的发展空间和发展潜力巨大，因此仍需要加大对该行业的政策支持力度。下一步，江苏省应完善物流设施用地规划，促进城市物流规划与国土空间规划相衔接，保障物流基础设施用地需求。然后，

区域经济影响下江苏省区域物流发展研究

鼓励地方政府合理设置物流用地绩效考核指标，多渠道整合盘活存量土地资源用于物流设施建设。鼓励有条件的地方政府加大财政支持力度，引导社会资金投入物流高质量发展项目建设。最后，引导银行业金融机构规范发展供应链金融、普惠金融，加大对中小微物流企业的信贷支持。

第三产业增加值对江苏省区域物流系统发展的影响程度排名第三。该经济指标是各类服务业或商业在周期内相对于上一个清算周期的增长值。第三产业作为经济发展的支柱性产业，可以较好地反映江苏省经济发展态势，同时也可以在一定程度上间接反映江苏省物流产业发展情况。2011—2020年江苏省第三产业增加值的增长率分别为4%、−27%、32%、−1%、10%、15%、2%、−4%、−8%、−21%。从数据中可以发现，江苏省第三产业在2013—2017年处于快速发展阶段，从2018年开始增长率逐年下降，特别是2020年由于受新冠肺炎疫情的影响，江苏省第三产业增加值的下降幅度高达21%。进入后疫情时代，江苏省必须守正创新，发展有序高效的现代流通市场。首先，应着眼商品和资源低成本、高效率自由流动，健全统一的市场规则和制度体系，构建类型丰富、统一开放、公平有序、配套完善的高水平现代流通市场。其次，推进商贸市场、物流市场和交通运输市场融合联动、有机协同，充分释放各类市场活力。最后，深化金融供给侧结构性改革，完善流通领域信用治理，强化流通领域金融有效供给和信用支撑保障。

（三）江苏省区域物流与区域经济协调发展过程中存在的问题

（1）物流基础设施建设仍不完善。货物周转量和公路通车里程是能够反映运输业生产总成果和地区物流供给能力的两个关键指标，然而，研究结果表明这两个重要物流指标对江苏省区域经济的发展并没有起到明显的拉动作用。究其原因，在于江苏省物流基础设施建设不完善，限制了区域物流的发展空间和发展潜力。江苏省公路、铁路、水运、航空、输油管道等各种运输方式齐全，尤其是水运资源优势得天独厚，交通运输需求旺盛，为该省物流行业的发展带来了机遇和挑战。近年来，江苏省立足物流网络布局的优化与健全，努力构建完善的综合立体式交通运输基础设施，成效显著。但是，江苏省区域内道路相关的基础设施与当前物流行业的发展水平在物流园区、物流节点等方面仍然存在差距，在一定程度上降低了物流行业发展效率。虽然江苏省水运资源丰富，但并未充分发挥该资源优势，仍有部分干线航段存在瓶颈。另外，铁路发展方面仍然较为滞后，路网规模总量偏低，高铁、城铁建设速度亟待提高。

（2）农村物流发展明显落后。农村人均居民可支配收入的逐年提高对区域物流系统发展的影响微乎其微，这说明江苏省农村物流发展明显落后于城市物流。目前，江苏省农村现有的物流条件远不具备现代要求。物流条件的不足导致农产品链条（包括生产、加工、运输、销售、消费）变得较为脆弱，并极大地制约了实物流、资金流和信息流的畅通。农民迫切需要完善的产品服务和信息服务，以及其他综合性的社会化服务，而这些服务都以完善的农村物流体系为基础。因此，农村物流问题已经成为江苏省新农村建设的一个瓶颈。

（3）传统商贸亟待转型升级。社会消费品零售总额是表现一个地区消费需求最直接的数据类型，它是反映各行业通过多种商品流通渠道向居民和社会集团供应的生活消费品总量，是研究一个地区零售市场变动情况、反映经济景气程度的重要指标。本书的研究结果显示，该经济指标对江苏省区域物流发展的影响程度较低，这表明江苏省物流产业与各行业联系不紧密，传统商贸没有借助物流产业的运输优势扩大生产规模和销售额。因此，传统商贸行业亟待转型升级。

第三节　江苏省区域物流与区域经济协调发展对策

在全球经济一体化背景下，物流系统与经济发展的相互影响程度加深，两者之间的协调发展对于解决各类社会性问题具有重大意义。江苏省区域物流与区域经济在发展过程中存在物流基础设施建设仍不完善、农村物流发展明显落后和传统商贸亟待转型升级等问题。针对上述问题，本节提出江苏省区域物流与区域经济的协调发展对策。

一、强化物流基础设施建设，深化流通体系现代化程度

强化物流基础设施建设，深化流通体系现代化程度体现在以下几方面：

（1）优化物流网络布局。加强物流网络与国家综合运输大通道及国家物流枢纽衔接，提升江苏省区域性物流节点城市集聚辐射能力。统筹推进 13 个地级市市区商业设施、物流设施、交通基础设施规划建设和升级改造，优化综合物流园区、配送（分拨）中心、末端配送网点等空间布局。加强县域商业体系建设，健全农村商贸服务和物流配送网络。

（2）促进区域物流一体化。江苏省应围绕国家区域重大战略、区域协调发展战略实施，在长三角区域探索建立物流一体化工作机制，并持续提升区域内物流标准和管理协同水平。优化整合长三角物流设施布局，加强功能衔接互补，减少和避免重复建设，提高长三角地区物流资源集中度和物流总体运行效率。

（3）提升物流标准化水平。加快标准托盘、标准物流周转箱（筐）等物流载具的推广应用，支持叉车、货架、月台、运输车辆等上下游物流设备设施标准化改造。应用全球统一编码标识（GS1），拓展标准托盘、周转箱（筐）信息承载功能，推动托盘条码与商品条码、箱码、物流单元代码关联衔接。鼓励发展带板运输，支持货运配送车辆尾板改造。探索构建开放式标准托盘、周转箱（筐）循环公用体系，支持托盘、周转箱（筐）回收网点、清洗中心、维修中心等配套设施建设。

（4）推广应用现代信息技术。推动 5G、大数据、物联网、人工智能等现代信息技术与物流产业全场景融合应用，提升物流全流程、全要素资源数字化水平。支持传统物流设施数字化、智能化升级改造，推广智能标签、自动导引车、智能分拣、感应货架等系统和装备，加快高端标准仓库、智能立体仓库建设。完善末端智能配送设施，推进自主提货柜、智能生鲜柜、智能快件箱等配送设施进社区。

（5）保障国际物流畅通。支持江苏省内优势企业参与国际物流基础

设施投资和国际道路运输合作，畅通国际物流通道。推动商贸物流型境外经贸合作区建设，打造国际物流网络支点。引导和支持省内骨干商贸企业、跨境电商平台、跨境物流企业等高质量推进海外仓、海外物流中心建设，完善全球营销和物流服务网络。

二、建设农村物流服务体系，推进农村物流高质量发展

建设农村物流服务体系，推进农村物流高质量发展体现在以下几方面：

（1）完善农村物流政策保障，健全部门协同工作机制。首先，应加强农村物流顶层规划统筹。江苏省各县（市、区）要加快编制农村物流发展专项规划，推进交通、农业、文化和旅游、商务、供销、邮政等资源融合和产业联动，完善县乡物流服务体系。其次，要优化资金保障支持政策。江苏省各地要积极出台面向农村物流经营主体的贷款优惠、税费减免、资金补贴等扶持政策，实施降本增效减负举措。省级相关部门应进一步统筹电子商务进农村、支持乡村振兴发展等资金，共同探索农村物流服务体系建设、企业创新发展、信息共享服务等支持政策。最后，应建立农村物流发展"共同富裕"结对机制。推动获国家"农村物流服务品牌"的县（市、区）和农村客货邮融合发展较好的县（市、区）开展结对互助，在县乡村三级网络建设、客货邮融合发展、信息资源整合共享等方面加快先进经验输出，鼓励结对地区农特产品运输的跨区域合作，提升农村物流服务水平。

（2）加强基础保障，优化县域物流网络体系。鼓励有条件的县（市、区）建设改造县级共同配送中心，积极发挥干支衔接、统一仓储、集中分拣、共同配送等功能。支持毗邻县之间共建共用县级物流中心，降低建设运营成本。充分利用客运站、农村公交首末站、农村综合服务中心、邮政所、农资配送中心等闲置资源，升级改造"多站合一"乡镇客货邮融合综合服务站，提供货物中转、停车等待、临时仓储、信息服务、装卸商品等服务。依托交通、邮政、农业、商务等末端服务点，因地制宜发展交通服务、快递收寄、农产品展销、居民代购、政府服务、便民缴费、助农取款、农财险办理等"一站式"服务，提升江苏省农村物流可持续经营水平。

区域经济影响下江苏省区域物流发展研究

（3）推动模式创新，促进农村客货邮融合发展。首先，引导农村物流市场主体融合。依托城乡公交一体化、快递进村、乡村物流补短板等工作载体，推进客运、货运、邮政快递等主体合作，共享农村物流基础设施、运力、装备、人员等资源，降低农村物流成本。各地引导县域内客运、物流、快递等主体组建合作联盟或成立合资公司，通过委托投递、互助共配、第三方平台等形式，培育农村物流主体企业，积极参与客货邮融合，发展县域内物流快递业务的共同揽收、分拣、运输、派送等服务。其次，推进农村物流运力资源整合。利用江苏省农村公交线路覆盖面广、定时定点、通达率高等优势，通过农村公交车辆排班优化、合理设站布局等方式，积极开辟农村客货邮合作线路，发展公交带货服务。最后，推进交、邮、商、农、旅资源共享。推动网络货运等平台服务向农村物流领域延伸，提高车辆利用效率和全程信息可视化水平。推进电子商务进农村综合示范工作，引导电子商务平台与农村物流经营主体加强合作，提供日用消费品、农资下乡和农产品进城的"网上下单、一键送达"服务。引导农（渔）产品生产、经销等企业与农村物流主体加强双向合作，开展定制化农产品运输专线、季节性物流合作等。积极探索文化旅游和农村物流深度融合模式，为特色景区产品、农家特色小吃、传统手工艺品、乡村民宿伴手礼等提供便捷高效的农村物流服务。

（4）加强数字赋能，深化多跨场景协同联动。首先，江苏省应推进县域物流信息整合共享。加快交通、农业、供销、邮政等部门信息资源共享，推动物流企业、邮政快递等信息平台融合，支持电子商务、农资农产品等平台拓展物流信息服务功能，不断健全农村物流信息服务体系。加快先进农村物流装备技术应用。在公交带货、农产品物流等领域，积极推广客货联运车型，鼓励应用标准化物流周转袋（箱）、托盘等装备并探索建立循环共用体系。推进自动分拣线以及智能公交邮箱、智能快递柜等智能设备应用，提高分拣、投递等环节效率。鼓励发展基础较好的地区，试点推广条形码、射频识别技术、车载卫星定位装置等先进技术，提升农村物流运输动态监控和数字化管理水平。

三、推进商贸服务企业与物流企业深度合作，完善供应链管理体系

推进商贸服务企业与物流企业深度合作，完善供应链管理体系体现在以下几方面：

（1）发展商贸物流新业态新模式。江苏省应鼓励批发、零售、电商、餐饮、进出口等商贸服务企业与物流企业深化合作，优化业务流程和渠道管理，促进自营物流与第三方物流协调发展。另外，应推广共同配送、集中配送、统一配送、分时配送、夜间配送等集约化配送模式，完善前置仓配送、门店配送、即时配送、网订店取、自助提货等末端配送模式。支持家电、医药、汽车、大宗商品、再生资源回收等专业化物流发展。

（2）提升供应链物流管理水平。鼓励商贸企业、物流企业通过签订中长期合同、股权投资等方式建立长期合作关系，将物流服务深度嵌入供应链体系，提升市场需求响应能力和供应链协同效率。引导传统商贸企业、物流企业拓展供应链一体化服务功能，向供应链服务企业转型。鼓励金融机构与商贸企业、物流企业加强信息共享，规范发展供应链存货、仓单、订单融资。

（3）完善重点企业联系制度。建立商贸物流重点联系企业名单，加强与重点企业日常工作联系，实施动态管理。支持名单内企业参与供应链创新与应用、物流标准化等商贸物流相关试点示范工作。鼓励银行业金融机构在风险可控的基础上，按照市场化、商业可持续原则，提高对名单内企业的金融服务效率。

第四节　江苏省区域物流与区域经济灰色关联度研究的结论与展望

一、主要结论

物流业作为快速发展的新兴产业之一，其与经济发展的相互影响程度日益加深，如何促进区域物流与区域经济协调发展已经成为国内外学者研

区域经济影响下江苏省区域物流发展研究

究的热点问题。本书在前人研究的基础上构建江苏省区域物流与区域经济评价指标体系，并运用熵值赋权—灰色关联模型分析 2011—2020 年江苏省区域物流与区域经济的协调发展程度，本章的主要结论有如下几点：

（1）建立了江苏省区域物流与区域经济评价指标体系。在遵循科学性、系统性、可操作性和动态性原则的基础上，依据前人已有的研究成果，构建江苏省区域物流与区域经济评价指标体系。区域物流方面，本书从物流需求、物流供给能力和物流可持续发展三个维度确定了七个区域物流评价指标，包括货运量，货物周转量，邮电业务总量，公路通车里程，载货车船拥有量，交通运输、仓储和邮政业实现增加值及营业收入。区域经济方面，从区域经济总量、居民消费和区域经济效益三个维度确定了七个区域经济评价指标，包括第三产业增加值、地区生产总值、公共财政预算收入、城镇居民人均可支配收入、农村居民人均可支配收入、对外贸易进出口总额和社会消费品零售总额。

（2）构建了江苏省区域物流与区域经济协调发展的熵值赋权—灰色关联模型。本书运用熵值赋权—灰色关联模型对江苏省区域物流与区域经济的关联度进行研究，结果表明：2011—2020 年期间，邮电业务总量，交通运输、仓储和邮政业营业收入及实现增加值等三个区域物流指标对江苏省区域经济的发展具有明显的拉动作用，而货物周转量和公路通车里程对江苏省区域经济发展的影响较小。在区域经济指标对区域物流的影响方面，对外贸易进出口总额、公共财政预算收入和第三产业增加值等三个区域经济指标对江苏省区域物流系统的发展具有明显的促进作用，而农村居民人均可支配收入和社会消费品零售总额对江苏省区域物流发展的影响程度较低。通过对熵值赋权—灰色关联模型结果进行分析，确定了江苏省在区域物流与区域经济的协调发展过程中主要存在三个短板，即物流基础设施建设仍不完善、农村物流发展明显落后和传统商贸亟待转型升级。

（3）提出了江苏省区域物流与区域经济协调发展对策。针对江苏省在区域物流与区域经济协调发展过程中存在的短板，提出科学合理的对策建议以推动物流及相关行业的可持续发展。

针对物流基础设施建设仍不完善的问题，应强化物流基础设施建设，深化流通体系现代化程度。具体措施包括：①优化物流网络布局；②促进区域物流一体化；③提升物流标准化水平；④推广应用现代信息技术；⑤保障国际物流畅通。

针对农村物流发展明显落后的问题，应建设农村物流服务体系，推进农村物流高质量发展。具体措施包括：①完善农村物流政策保障，健全部门协同工作机制；②加强基础保障，优化县域物流网络体系；③推动模式创新，促进农村客货邮融合发展；④加强数字赋能，深化多跨场景协同联动。

针对传统商贸亟待转型升级的问题，应推进商贸服务企业与物流企业深度合作，完善供应链管理体系。具体措施包括：①发展商贸物流新业态新模式；②提升供应链物流管理水平；③完善重点企业联系制度。

二、研究展望

本书对江苏省区域物流与区域经济之间的协调发展问题进行研究，虽然取得了一些成果，但是由于物流与经济两个子系统涉及的内容繁多，问题结构复杂，且限于作者自身理论水平和知识结构，所以本研究仍存在以下不足之处。

（1）在建立江苏省区域物流与区域经济的评价指标体系过程中，本书主要依据现有文献、作者对江苏省物流产业和经济发展的了解来设置评价指标。然而，由于受新冠肺炎疫情和国际社会环境动荡的影响，物流产业的发展轨迹和运营环境也在发生改变。因此，构建更加全面、科学的区域物流与区域经济评价指标体系是未来研究的一个方面。

（2）本书采用熵值赋权—灰色关联模型对江苏省区域物流与区域经济的关联度进行测算，虽然该模型具有指标赋权不受人为因素干扰、对样本量无严格要求等优点，但灰色关联分析本身也存在不足：第一，灰色关联系数受两级绝对差值影响较大，一旦数据列中出现极大值或极小值，那么各元素关联系数都将受到影响；第二，一般情况下序列中各元素含义不同，将这些元素等同处理并不符合实际情况，最终得到的灰色关联度也不

区域经济影响下江苏省区域物流发展研究

能反映序列的真实情况。因此，构建或选择更合适的关联模型来分析江苏省区域物流与区域经济的协调发展问题是未来研究的重点。

（3）由于本书的统计数据主要来源于《江苏统计年鉴》，获取到的相关指标数据存在滞后性问题，因此不能完全反映目前江苏省区域物流与区域经济的协调发展程度。

第五章 江苏省物流业与区域经济耦合协调性及时空演化研究

区域经济与物流之间耦合协调性的相关研究表明二者之间存在密不可分的关系，但由于地理位置和经济水平等外部环境的影响，各区域间二者的协调程度存在差异，针对以往研究区域经济与区域物流之间的耦合协调度所发现的问题，本书以处于长三角的江苏省为例，因为从经济总量上来看，2020年长三角地区41座城市共实现地区生产总值24.5万亿元，其中江苏省地区生产总值为102719亿元，在长三角地区中保持绝对领先地位。借鉴前人相关研究成果构建江苏省物流系统与经济系统的评价指标体系、耦合协调度模型、空间自相关模型，探索近十年间江苏省13个地级市物流业与区域经济耦合协调度随时间和空间的变化特征，比较经济与物流有序度的关联关系，进行区域经济与物流之间耦合协调度的全局和局部自相关分析，以便制定差异化的发展战略，积极开展区域物流与经济之间的协同发展。

第一节 江苏省物流业与区域经济指标熵值法的计算

根据评价指标选取的科学性和系统性原则，考虑数据的可获得性，结合前人的研究成果，构建区域物流系统与区域经济系统协调发展的指标体系，见表5-1、表5-2。

一、指标体系和原始数据

物流业评价体系分为"运输规模"和"物流资源"两个方面，其中"运

区域经济影响下江苏省区域物流发展研究

输规模"包括公路里程、货运周转量、客运量、民用货运汽车拥有量;"物流资源"包括交通运输财政支出、交通运输仓储和邮政业从业人员、邮电业务总量及移动电话用户数。区域经济指标评价体系分为"经济规模"和"经济潜力"两个方面,其中"经济规模"包括地区生产总值、社会消费品零售总额、人均地区生产总值、人均可支配收入;"经济潜力"包括第三产业增加值、地方财政收入、进出口额、全社会固定资产投资。研究区域覆盖江苏省 13 个地级市,相关数据来源于 2010 年、2015 年、2020 年《江苏统计年鉴》。各城市各指标 2010 年、2015 年、2020 年的数据如表 5-3 至表 5-5 所示。

表 5-1 物流业评价指标体系

系统	一级指标	二级指标	单位
物流业评价指标	运输规模	A1 公路里程	千米
		A2 货运周转量	亿吨·千米
		A3 客运量	万人
		A4 民用货运汽车拥有量	万辆
	物流资源	A5 交通运输财政支出	亿元
		A6 交通运输、仓储和邮政业从业人员	万人
		A7 邮政业务总量	亿元
		A8 移动电话用户数	万户

表 5-2 区域经济评价指标体系

系统	一级指标	二级指标	单位
区域经济评价指标	经济规模	B1GDP	亿元
		B2 第三产业生产总值	亿元
		B3 进出口额	亿元
		B4 地方财政收入	元
	经济潜力	B5 社会消费品零售总额	亿元
		B6 人均可支配收入	元
		B7 人均 GDP	亿元
		B8 全社会固定资产投资	亿元

表 5-3　2010 年江苏省各指标值

城市	A1/千米	A2/亿吨·千米	A3/万人	A4/万辆	A5/亿元	A6/万人	A7/亿元	A8/万户	B1/亿元	B2/亿元	B3/美元	B4/亿元	B5/元	B6/元	B7/元	B8/亿元
南京	10749	3467	39104	6.88	1713	8.87	11.18	931.34	5086	2660.49	456	1075.25	2526.1	27383	66132	3306.05
无锡	3839	107	27330	4.9	22.2	9.23	103.9	790.41	5800	2440	612	518.8	1809.08	27750	91900	2985.65
常州	8348	89.8	29201	5.7	8.4	1.8	574	501.4	3090	1209.7	222.8	286.2	1044.7	25875	68400	2103.6
苏州	12754	123.7	17380	3.4	35.1	12.24	172.7	1310	9200	3819.31	2740.8	900.6	2879.9	30366	92600	2967.3
南通	17474	417.7	16400	4.81	6.6	1.5	59.05	552.03	3500	1246.89	210.96	290.8	1322.3	21825	48700	2168.38
扬州	10230	184.4	7276	3.8	6.7	0.9	38.07	393.44	2260	838.78	82.4	167.8	834.25	19537	50400	1331.85
连云港	11223	201.2	13158	3.8	9.4	11.1	27.04	429	1200	429.64	50.76	245.2	1038.31	15790	27200	1234.25
泰州	8143	34.6	8680	3.2	4.3	4.8	23.6	339.35	2000	728.28	85.85	170.8	550.3	20255	43035	1538.03
盐城	11870	211.2	11946	5.1	9.3	1.4	49.6	402.77	2320	806	39.55	191.4	759.5	16935	31215	1891.05
淮安	12461	154	11340	4.1	6.6	3.1	25.1	280.59	1400	508	21.7	246.2	400	15983	28023	921.01
镇江	6936	68.43	15300	2.8	5.9	1.4	25.4	273.88	2020	750.54	81.54	138.1	559.5	23224	62846	1327.8
徐州	16200	178.7	26000	8.1	8.5	1.7	48.1	600.38	2950	1098.71	41.61	222.2	957	16762	33412	2049.26
宿迁	10332	135.76	11498	2.1	5.4	0.3	20.1	296.9	1190	354.38	12.2	89.6	289.4	12757	21529	1010.37

表5-4 2015年江苏省各指标值

指标城市	A1/千米	A2/亿吨·千米	A3/万人	A4/万辆	A5/亿元	A6/万人	A7/亿元	A8/万户	B1/亿元	B2/亿元	B3/亿美元	B4/亿元	B5/亿元	B6/元	B7/元	B8/亿元
南京	11303	2840	15929	9.81	48.89	14.5	102.54	1034.87	10000	5571.61	532.4	1020	5069.7	40455	121642	5484.47
无锡	5481	441	8882	4.1	59.1	8.64	159.02	883.48	8700	4433	684.7	830	2847.6	39461	133445	4901.19
常州	9010	116.4	7572	6.9	12.5	2.1	82	533.9	5281	2610.4	275.5	466.28	1990.5	42710	114308	3399
苏州	13239	213.5	34645	2.4	70.4	3.7	293.79	1611	14500	3916.3	3053.4	1560.8	5489	50390	136368	6124.4
南通	18255	395.3	10322	7.04	12.3	2.9	75.01	934.07	6500	2816	315.8	625.6	2419.6	36291	89030	4376
扬州	10652	318.53	4668	4.7	11.9	2.4	64.3	488.61	4099	1762.94	103.38	336.75	1236.96	32946	91501	2856.82
连云港	12005	189.34	5601	6.07	21.7	13.1	38.7	423.61	2305	918.95	80.45	291.8	830.7	25728	51651	2077.35
泰州	9451	87.6	4352	6.7	15.7	6.2	40.42	422.99	3494	1793.04	102.3	305.6	1001.6	34092	75320	2695.66
盐城	11952	391.8	9473	6.4	25.01	2.7	58.2	675.2	4181	1770.5	81.2	477.5	1468.6	28200	58276	3372.9
淮安	13273	372.1	8531	4.9	11.2	2.1	40.6	368.57	2755	1260	41.3	350.3	970.7	28105	9083	2203.24
镇江	6854	77.73	5579	3.1	11.5	1.3	40.1	309.57	3088	1642.63	100.64	302.85	882.5	38666	110262	2541.07
徐州	16511	427.91	13347	11.1	20.6	3.2	74.11	901.28	5339	2460.06	54.13	530.68	2358.4	26219	9899	4266.12
宿迁	10977	207.9	12163	2.4	7.5	0.9	53.3	411.38	2242	836.75	25.99	235.7	626.6	22233	46200	1838.97

表 5-5　2020 年江苏省各指标值

指标城市	A1/千米	A2/亿吨·千米	A3/万人	A4/万辆	A5/亿元	A6/万人	A7/亿元	A8/万户	B1/亿元	B2/亿元	B3/美元	B4/亿元	B5/亿元	B6/元	B7/元	B8/亿元
南京	9796	3728	11374	15.85	46.57	9.43	219.89	1263.89	14800	9306.8	5340.21	1637.7	7203	67553	165682	5418.23
无锡	7983.6	514.3	5935	11.96	14.7	4.9	447.83	985.74	12400	6491.2	934	1075.7	2994.36	57589	180044	3515.36
常州	8712	233.1	4167	9.4	25.6	1.7	163.5	658.3	7805	4024.9	349.1	616.6	2421.4	55500	147900	4511.2
苏州	11741	342.3	6333.1	2.74	73.5	9.4	475	2023.17	20200	10588.5	3223.5	2303.4	7700	62600	187634	5224.4
南通	17409	423.6	4636	12.8	23.7	2.5	168.7	885.43	10000	4811.8	2627.1	639.3	3370	52500	137000	6067.8
扬州	9632.03	417.6	2818	3.03	37.5	2.03	83.81	519.14	6048	2954.88	770.2	337.3	1380	38843	132600	4276.63
连云港	12105	496.01	3593	10.8	33.03	2.8	28.1	527.3	3277	1518.62	92.99	245.2	1100	29501	71250	1987.77
泰州	9981.27	115.8	4568	8.9	22.84	9.9	75.55	477.96	5312	2464.57	146.43	383	1330	38843	114600	4301.58
盐城	25991	550.7	4585	11.02	36.01	2.15	87.6	567.36	5953	2912.8	119.36	400.1	2216	33707	80633	4516.7
淮安	13600	467.84	4598	6.5	21.4	1.8	73.2	498.82	4025	1984.69	49.85	264.2	1675.9	31619	81607	3362.46
镇江	6890	93.55	2045	4.1	13.3	1.2	63.5	369.78	4220	2081.96	104.23	311.7	1141.9	54600	131733	2080.56
徐州	15918	985.22	6748	17.8	37.1	16.2	122.6	963.96	7319	3669.48	1067.16	481	3533.2	37500	82937	5763.45
宿迁	10878	426.14	3340	2.3	16.9	1.2	59.4	488.14	3162	1553.62	47.83	222	1258.1	32000	66068	2525.17

二、熵值法计算的结果

将表 5-3 ~ 表 5-5 中的原始数据根据式（3-4）进行标准化处理，而后通过式（3-4）至式（3-8）计算得出权重数值，如表 5-6 所示。

表 5-6　区域物流系统和经济系统指标的权重

年份	A1	A2	A3	A4	A5	A6	A7	A8	B1	B2	B3	B4	B5	B6	B7	B8
2010	0.038	0.314	0.088	0.058	0.142	0.118	0.112	0.129	0.131	0.125	0.296	0.13	0.096	0.058	0.082	0.082
2015	0.046	0.212	0.129	0.078	0.131	0.122	0.182	0.1	0.131	0.097	0.295	0.136	0.13	0.063	0.062	0.086
2020	0.098	0.196	0.076	0.088	0.103	0.181	0.131	0.127	0.117	0.127	0.209	0.168	0.155	0.087	0.078	0.06

由表 5-6 可以看出：

（1）经过对比三年指标数据可以看出，在物流业评价指标中的 A2（货运周转量）的权重处于较高数值，说明货运周转量对物流业的发展产生的正面影响大；各年份 A5、A6、A7、A8 权重数值比较接近，且都在 0.1 稍高一点，说明物流资源（A5 交通运输财政支出；A6 交通运输、仓储和邮政业从业人员；A7 邮政业务总量；A8 移动电话用户数）对物流业的发展也会产生较大的正面影响。

（2）在区域经济评价指标三年权重数值比较中，权重值大于 0.1 的指标有 B1（GDP）、B5（社会消费品零售总额）、B7（人均 GDP）、B6（人均可支配收入）、B2（第三产业生产总值），说明这 5 个指标对区域经济发展的影响都比较显著，而其中权重最大的是 B7（人均 GDP），说明随着改革开放以来，区域的产出创造水平对区域经济影响的重要性地位；B5 指标是反映各行业通过多种商品流通渠道向居民和社会集团供应的生活消费品总量，它反映了国内零售市场变动情况、经济景气程度；B6 指标，一般来说，人均可支配收入与生活水平成正比，即人均可支配收入越高，人们的消费需求越多、消费能力和消费欲望越强，消费动力越强，因此可以提高居民的消费水平、生活水平，促进生产的发展和区域经济的发展。

第二节　江苏省物流业与区域经济耦合协调度与空间特征分析

为研究江苏省物流业与区域经济耦合协调度与空间特征，在梳理相关文献的基础上选用耦合度协调模型，并确定选择有序度、耦合度、协调指数、耦合协调度、空间自相关分析模型等，以确定物流业与区域经济之间的耦合协调度发展程度，并进一步分析相关性情况。

一、耦合协调度的时空演化分析

（一）耦合协调度等级划分

借鉴相关研究成果，本书将耦合协调度划分为 5 个等级区间，每个区间代表一个协同等级，每个等级对应一类协同状态，形成连续的阶梯，从而更为直观地反映两个系统间的动态耦合协调发展水平。耦合协调度等级划分标准见表 5-7。

表 5-7　耦合协调度等级划分标准

耦合协调度	耦合协调等级
0 ~ 0.200	中级失调
0.201 ~ 0.400	初级失调
0.401 ~ 0.600	初级协调
0.601 ~ 0.800	中级协调
0.801 ~ 1.000	良好协调

（二）有序度计算及分析

通过熵值法计算得出 16 个指标权重数值代表各指标的重要性，对后面将要计算的耦合协调度指数也将产生影响。将收集到的 2010—2020 年的指标数据经式（3-4）进行无量纲的标准化处理后，结合表 5-6 熵值法计算的指标权重，代入式（3-14）得有序度 U_1、U_2，进一步计算得江苏

区域经济影响下江苏省区域物流发展研究

省13个地级市的区域物流与区域经济的有序度相关性系数,如表5-8所示。

表5-8　区域物流与区域经济的有序度相关性系数

地级市	U_1			U_2			相关性系数
	2010年	2015年	2020年	2010年	2015年	2020年	
南京	0.6933	0.6583	0.6451	0.5897	0.5974	0.8570	0.8902
无锡	0.3886	0.3694	0.3323	0.5303	0.4879	0.4414	0.9883
常州	0.2072	0.1391	0.1635	0.2767	0.2817	0.2909	0.6682
苏州	0.5746	0.6056	0.5358	0.9654	0.9662	0.8938	0.9006
南通	0.2149	0.2393	0.2669	0.2606	0.3237	0.4401	0.9908
扬州	0.0986	0.1138	0.1213	0.1430	0.1577	0.1821	0.9804
连云港	0.2292	0.2182	0.1746	0.0827	0.0523	0.0079	0.9750
泰州	0.0878	0.1283	0.2187	0.1259	0.1337	0.1369	0.9665
盐城	0.1572	0.1998	0.2759	0.1270	0.1608	0.1383	0.6081
淮安	0.1144	0.1153	0.1436	0.0530	0.0572	0.0646	0.9445
镇江	0.0689	0.0295	0.0207	0.1480	0.1468	0.1266	0.8881
徐州	0.2570	0.3016	0.5159	0.1668	0.2038	0.2617	0.9726
宿迁	0.0532	0.0814	0.0735	0.0032	0.0182	0.0179	0.9661

经比较,物流与经济两个子系统各地级市的有序度相关性系数值表明,绝大部分城市的物流业与经济存在强相关的关系,常州、盐城的物流业与经济存在显著相关的关系,这说明江苏省区域物流子系统和区域经济子系统之间存在耦合互动的协同发展关系,区域物流业的有序发展对区域经济的稳定增长具有非常强的推动作用。

（三）耦合协调度计算结果及分析

由式（3-15）至式（3-17）计算得出江苏省13个地级市物流业与区域经济各年份耦合协调度 D,如表5-9所示。

表 5-9 耦合协调度结果统计表

项目	年份		
	2010	2015	2020
0 ~ 0.200 中级失调	宿迁 0.114	宿迁 0.196	连云港 0.193、宿迁 0.19
0.201 ~ 0.400 初级失调	扬州 0.345、连云港 0.371、泰州 0.324、盐城 0.376、淮安 0.279、镇江 0.318	扬州 0.366、连云港 0.327、泰州 0.362、淮安 0.285、镇江 0.256	扬州 0.386、淮安 0.31、镇江 0.226
0.401 ~ 0.600 初级协调	常州 0.489、南通 0.486、徐州 0.455	常州 0.445、南通 0.528、盐城 0.423、徐州 0.498	常州 0.467、南通 0.585、泰州 0.416、盐城 0.442
0.601 ~ 0.800 中级协调	无锡 0.674	南京 0.792、无锡 0.652	无锡 0.619、徐州 0.606
0.801 ~ 1.000 良好协调	南京 0.8、苏州 0.863	苏州 0.875	南京 0.862、苏州 0.832

为了便于进行时空演化特征分析，对 2010 年、2015 年、2020 年 3 个时间节点江苏省 13 个地级市的耦合协调等级进行可视化描述。依据表 5-7 划分耦合协调度等级所对应的区域以及表 5-9，得出如下结论，见表 5-10~5-12。

表 5-10 2010 年耦合协调度时空演化

耦合协调度等级	城市名称
中级失调	宿迁市
初级失调	连云港市、淮安市、盐城市、泰州市、扬州市、镇江市
初级协调	徐州市、南通市、常州市
中级协调	无锡市
良好协调	南京市、苏州市

区域经济影响下江苏省区域物流发展研究

表 5-11　2015 年耦合协调度时空演化

耦合协调度等级	城市名称
中级失调	宿迁市
初级失调	连云港市、淮安市、扬州市、泰州市、镇江市
初级协调	徐州市、盐城市、南通市、常州市
中级协调	南京市、无锡市
良好协调	苏州市

表 5-12　2020 年耦合协调度时空演化

耦合协调度等级	城市名称
中级失调	宿迁市、连云港市
初级失调	淮安市、扬州市、镇江市
初级协调	盐城市、泰州市、南通市、常州市
中级协调	徐州市、无锡市
良好协调	南京市、苏州市

（1）2010 年，江苏省 13 个地级市物流业与区域经济整体耦合协调中，南京、苏州处于良好协调状态，无锡处于中级协调状态，有 3 个城市处于初级协调状态，有 6 个城市处于初级失调状态，宿迁处于中级失调状态；2015 年，江苏省物流业与区域经济耦合协调水平中，盐城由初级失调上升为初级协调状态，南京虽由良好协调降为中级协调状态，但其耦合协调度值非常接近于良好协调状态，其他城市没有变化；2020 年，江苏省物流业与区域经济耦合协调水平继续稳步提升，泰州由初级失调上升为初级协调状态，徐州由初级协调上升为中级协调状态，南京、苏州处于良好协调状态。

（2）从总体来看，江苏省物流业与区域经济整体耦合协调水平反映了 13 个地级市这三个年度的耦合协调度都处于平稳发展的状态，从侧面证明了 2010—2020 年物流与经济发展水平同步提高的状态，从而导致耦合协调度并无特别大的浮动。从表 5-9 ~ 表 5-12 可以看出，各城市历年耦合协调度变化浮动不大，处于初级失调和初级协调状态的城市相对平稳，至 2020 年，盐城、泰州由初级失调提升至初级协调、徐州由初级协调提升至与无锡同样的中级协调水平，而这 10 年来，南京、苏州始终保持至良好协调的较高水平，表明江苏省物流业与区域经济的相互作用程度是在不断上升的，这也进一步说明物流业与区域经济的协调发展促进了城市发展水平的整体提升。

（3）对比 2015 年与 2020 年耦合协调度数据可以发现，由于 2020 年爆发新冠肺炎疫情的影响，经济与物流发展受到阻碍，因此连云港、镇江、无锡等部分城市耦合协调度不如 2015 年高，甚至连云港由初级失调降低到中级失调，但可以看出 2015 年数值与 2020 年数值相差不大，且 2020 年部分城市的耦合协调度依旧比 2015 年高。其中：泰州由初级失调提升为初级协调，徐州由初级协调提升为中级协调，南京由中级协调提升为良好协调。这说明江苏省物流业与区域经济相互作用协调发展具有很强的韧性，并不会因为外界因素的干扰而产生较大的波动。

二、耦合协调度的空间自相关分析

为了更进一步分析江苏省物流产业与区域经济耦合协调的整体变化趋势和空间相关性特征，下面运用空间自相关分析对耦合协调度集聚态势进行评价和分析。

1. 全局空间自相关分析

根据式（3-18）计算得江苏省 2010 年、2015 年和 2020 年物流业与区域经济耦合协调度的 Moran's I 值，如表 5-13 所示。

表 5-13　江苏省物流业与区域经济 2010、2015、2020 年耦合协调度全局 Moran's I 值

年份	Moran's I 值
2010 年	0.316
2015 年	0.154
2020 年	0.068

区域经济影响下江苏省区域物流发展研究

从表 5-13 中可以看出，2010、2015、2020 年三年的 Moran's I 值都大于 0，反映出区域经济与区域物流协调度高的城市之间相互聚集、协调度低的城市之间相互聚集。整体的 Moran's I 值呈减小趋势，意味着随着各城市的发展速度的差异，协调度高的城市之间相互聚集、协调度低的城市之间相互聚集密度逐渐减小，区域异质性逐渐明显。

2. 局部空间自相关分析

为了进一步研究江苏省 13 个地级市区域经济与区域物流之间耦合协调发展的集聚状况随时间和空间的演化特征，根据式（3-19）计算局部 Moran's I 值，得到 2010、2015 年和 2020 年的耦合协调度散点图，如图 5-1 及表 5-14 所示。相对于 2010 年，2020 年协调度散点图空间集聚分布格局基本保持不变。苏州位于第一象限，该城市拥有较好的地理位置，经济活力较强，是物流与区域经济耦合协调发展的高值聚类区；南京、无锡、南通、徐州位于第四象限，耦合协调度较高，周边城市耦合协调度较低，属于"高—低"集聚类型，即物流与区域经济协调度高的城市对周边城市辐射带动作用较弱，其周边县域的物流与区域经济协调度较低；常州、泰州、镇江、扬州、连云港位于第二象限，虽然这些城市与耦合协调度较高的城市毗邻，但没有受到积极的带动影响，属于"低—高"集聚类型；盐城、淮安、宿迁位于第三象限，这些城市集中在苏北地区，受资源和地理限制，受到的辐射带动作用较小，属于"低—低"聚集类型。

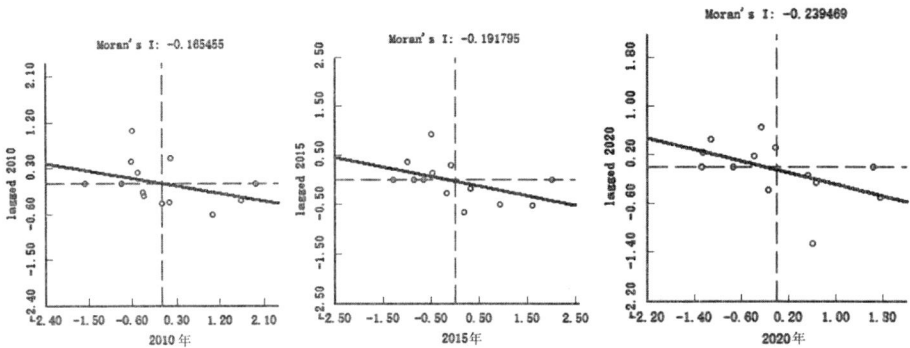

图 5-1　江苏省物流业与区域经济耦合协调度局部 Moran's I 散点图

第五章　江苏省物流业与区域经济耦合协调性及时空演化研究

表 5-14　江苏省物流业与区域经济 2010、2015、2020 年
耦合协调度局部 Moran's *I* 分布

年份	第一象限	第二象限	第三象限	第四象限
2010	苏州、常州	泰州、镇江、扬州	盐城、淮安、宿迁、连云港	南京、无锡、南通、徐州
2015	苏州	常州、泰州、镇江、扬州	盐城、淮安、宿迁、连云港	南京、无锡、南通、徐州
2020	苏州	常州、泰州、镇江、扬州、连云港	盐城、淮安、宿迁	南京、无锡、南通、徐州

从图 5-1 可以看出，位于第二、第四象限的散点数明显多于其他象限，说明江苏省物流和区域经济协调度属于"低—高"集聚类型和"高—低"集聚类型的城市较多，呈现出较为明显的空间异质现象。这与实际是相符的。位于第一象限苏南的苏州工业和物流业均较发达，毗邻上海，周边聚集了物流与区域经济耦合协调度高的无锡、南通等城市；位于第三象限苏北的盐城、淮安、宿迁等地受地理位置和产业分工的影响，形成了物流与区域经济耦合协调度低的地区；位于第四象限的南京、无锡、南通、徐州等物流与区域经济耦合协调度高的城市对周边物流与区域经济耦合协调度低的城市之间的带动作用不明显，而位于第二象限的常州、泰州、镇江、扬州、连云港这些物流与区域经济耦合协调度高于它们的城市邻近，但是被带动的作用同样不明显，区域内超过 80% 的城市其经济与物流耦合协调度具有十分明显的空间锁定，这种"马太效应"的空间集聚局面不利于江苏省物流业与区域经济耦合协调发展。

第三节　江苏省物流业与区域经济耦合协调性及时空演化研究结论和策略建议

本章将耦合的概念运用到对江苏省内各地级市物流业与区域经济协调性的研究上，采用区域经济与物流耦合、全局自相关、局部自相关等方法，

运用江苏省 2010—2020 年间的相关数据，对辖区内 13 个地级市进行区域经济与物流业之间的耦合协调性测度。根据测量结果对耦合协调度进行等级划分（中级失调、初级失调、初级协调、中级协调、良好协调），确定耦合协调的发展水平；然后对耦合协调度进行可视化分析，进而观察区域经济与物流业之间耦合协调度的时空演化特征，为江苏省区域物流与区域经济发展提供政策建议。

一、研究结论

通过建立耦合协调度模型、空间自相关模型，研究江苏省 2010 年至 2020 年间区域物流与经济的耦合协调度，并通过耦合协调度随时间和空间演化的特征分析，研究表明：

（1）2010 年至 2020 年江苏省各地级市之间的耦合协调程度在不断改善，整体的耦合协调也处于较高水平，但仍然存在区域间的不平衡。总体上，苏北地区的耦合协调程度较苏南地区低，经济水平也有差距。

（2）2010 年、2015 年、2020 年江苏省物流业与区域经济聚集格局保持稳步增长，表明江苏的整体协调程度在提升，但从时空演化中可明显看出整体协调状况呈三角聚集，分别以南京、苏州和徐州为中心，以南京和苏州为中心的苏南、苏中地区整体协调状况较好、经济发展也较快，以徐州为中心的苏北地区经济水平相对落后，但发展迅速。

（3）通过连云港与宿迁的高铁建设可知，城市基础设施的建设对区域物流与经济的协调程度有促进作用。

二、政策建议

基于以上研究结论，对江苏省物流业与区域经济的协调发展提出以下建议。

（一）加大中心城市对欠发达城市的产业帮扶

鉴于中心城市在资源配置、人才吸引、产业集聚等方面对周边的中小城市形成虹吸效应，导致地区发展极不平衡，各城市的区域经济与区域物流的耦合协调度存在差异，且属于"高—低""低—高"聚集类型的城市较多，中心城市要因地制宜地优化产业结构，形成高端产业集群；应大力融入长三角一体化战略，积极推进苏州、南京等中心城市与欠发达地区的战略互动，提升其辐射和带动作用，发挥"鲶鱼效应"，弱化经济与物流耦合协调发展的"马太效应"，将中心城市的非核心功能向发展滞后地区疏解，实现带动生产要素向耦合协调水平较低的城市转移，助力欠发达地区夯实产业基础，发展先进制造业和现代服务业；苏北的宿迁、连云港、淮安等城市物流业与区域经济耦合协调水平较低，且属于"低—低"聚集类型的城市，应借势发展，积极承接中心城市的产业转移，继续加大投入，完善物流业基础设施建设，加强与经济和物流耦合协调度高的地区进行跨地区经济与物流的交流合作，营造良好的营商环境，利用好土地和劳动力等资源优势，积极探索与中心城市合作共建国家物流枢纽等新的合作模式，缩小区域发展差距。

（二）加强物流资源投入

从区域物流发展指标权重分析可知，货运周转量、交通运输财政支出、物流业从业人员数量、邮政业务总量等指标对区域物流竞争力影响较大，应立足当地经济发展水平和需求实施物流资源的投入，完善物流基础设施建设，基于统筹规划，建设整个省域内从点到线再到面进而形成协同发展的物流网络，加大对城市和城市间高速公路及高铁等支线通道的建设力度，努力优化城市间的交通便利性，优化各种运输方式的衔接、对接，为开展多式联运打通壁垒，使基础设施现代化、便捷化；进一步完善都市圈内的物流通道，扩展都市圈的物流网络，推进物流产业的信息化、标准化建设，运用大数据、无线网络、射频识别（radio frequency identification, RFID）、传感器、机器人等技术提升仓内和配送的效率和质量，开展货物的跟踪与定位、机器人视觉识别、物联网传感器、大数据优化算法等的研究，为实现车货匹配、运力优化、运输协同等功能提供技术支撑，提升城市间的物流效率，促进城市与城市、城市与乡镇及乡镇之间的信息交流，提高物流资源的利用效率，将物流资源最大化转化为物流的有效供给，形成省域内各类城市的物流产业与经济协调发展、相互促进的新格局。

（三）扩大区域物流需求

通过区域经济发展指标权重分析，第三产业增加值和经济规模的 4 个指标，特别是人均地区生产总值对区域经济发展水平的影响较大，而有序度分析表明，各城市的物流业与经济存在强相关或显著相关的关系，发展区域经济可以释放更多的物流需求，推动物流产业发展，应努力实现区域经济与物流供需平衡，在经济高速发展的过程中，不能忽视物流产业的发展水平和速度，应发挥区域优势与特色，整合物流资源，大力推进多式联运等新型物流模式的应用，保障区域物流发展能够满足经济发展的需要；另外，物流产业结构调整要紧紧与经济发展政策及发展水平相契合，根据经济发展方向培养新的物流增长极，在已有物流企业的基础上创新和发展物流信息技术，组建竞争力强的大规模第三方物流企业，建设有区域特点和优势的物流园区，发挥物流对经济发展的加速和助推作用。

第六章　基于区域经济指标的
江苏省区域物流需求PCR预测

　　对区域经济和区域物流的预测，选择合适的研究对象十分重要。江苏省作为全国的经济大省、长三角经济圈的重要组成部分，是国家"一带一路"交汇点、长江经济带重要枢纽，也是现代物流和电商的起点，研究江苏省的物流需求与区域产业、区域贸易及区域消费等区域经济的发展趋势在全国有一定的代表性，具有重要的战略意义。有学者在研究江苏省区域物流发展与区域经济的关系时，确定了推动江苏省区域物流发展的区域经济因素，但是没有进一步给出定量模型；还有学者在对江苏省区域物流需求预测的研究中，用有偏估计方法通过逐步回归剔除了具有多重共线性的指标，但是缩减了影响因素的范围。本书汲取前人优秀研究成果，在对自变量和因变量指标进行充分分析的基础上，以江苏省为例，运用主成分回归（PCR）法建立基于区域经济指标的区域物流需求的预测模型，规避了各自变量之间多重共线性对因变量的重复解释，对模型进行检验，可决系数值表明模型的拟合优度非常好；应用模型时，对各区域经济指标进行趋势外推预测，通过对各自变量选择 R 方值最高的趋势线进行拟合得到精度高的自变量回归模型，将自变量的预测值代入 PCR 预测模型即可得到对应区域物流需求预测值。构建的上述自变量与因变量的预测模型，所选指标的数据均来自《江苏统计年鉴》，具有较好的数据获取性，兼顾了模型的精度和稳定性。该模型属于中短期预测法，应用模型预测未来 5 年江苏省货运量预测值，可对江苏省制定区域物流和区域经济的规划及发展战略起到支持作用，构建模型的方法也可供其他类似区域参考、借鉴。

第一节　指标的确定原则

影响物流需求的经济因素有很多，如地区生产总值、固定资产投资总额、城镇居民生活消费支出等。其中：由于区域物流系统与区域内外部经济状况息息相关，区域经济发展的水平、规模成了区域物流需求的决定性影响因素；资源和区域经济在空间上的分布不均是产生物流需求的最直接原因；不同的产业结构对物流需求层次、结构和功能等方面影响较大，也是影响区域物流需求量的一个重要因素。

一、物流需求指标的建立

度量区域物流需求指标时一般主要考虑数量形态体系和质量形态体系，但物流效率、物流成本等质量形态体系目前在我国还没有完整的统计数据，而依靠专家经验预测的数据存在很大的不确定性。为了对物流需求的规模进行量化研究，本书拟将数量形态中的货运量、货运周转量两个指标与地区生产总值进行相关性比较，选择与地区生产总值相关系数大的作为区域物流需求规模的指标。

二、区域经济指标的确定

选取区域经济指标时，根据强相关性、全面性和实用性等原则，应使所选择的指标与区域物流之间存在较强的相关性、全面反映区域经济发展水平，且数据易于获取、准确。本书选择的区域经济指标体系及其与区域物流需求的关系：第一、第二、第三产业产值充分表征了区域产业结构和经济规模对物流需求规模的影响；固定资产投资总额、进（出）口总额、社会消费品零售总额等 4 个区域贸易指标，以及城镇居民生活消费支出、一般公共预算支出等 2 个区域消费指标对物流需求规模有重要影响。而由于地区生产总值主要是由第一、第二、第三产业构成的，为了避免在解释区域经济上的信息重叠，故舍弃了地区生产总值指标。

第二节 江苏省区域物流需求的 PCR 预测模型

为研究区域经济与区域物流之间的相互依赖关系，建立有效的预测模型进行预测，对有关职能部门制定发展战略十分必要。基于区域经济与区域物流关系的分析，利用江苏省 2005—2020 年相关经济指标的面板数据，选择与地区生产总值相关系数较大的货运量来表征区域物流需求的规模，基于强相关性等原则构建了影响物流需求的经济指标体系，运用 SPSS 统计分析软件建立基于区域经济指标的区域物流需求的主成分回归（PCR）预测模型，对模型进行检验，可决系数值表明模型的拟合优度好；通过趋势外推法建立江苏省区域经济各指标的预测模型，将预测数据代入 PCR 模型进行 2021—2025 年江苏省货运量预测，能够为区域经济和区域物流发展提供有价值的决策参考。

一、指标的确定及指标数据

（一）江苏省货运量、货运周转量与地区生产总值的相关性分析

选取了 2005—2020 年江苏省货运量、货运周转量与地区生产总值的统计数据，如表 6-1 所示。

表 6-1　江苏省地区生产总值与货运量、货运周转量的数据

年份	地区生产总值 / 亿元	货物周转量 / 亿吨·千米	货运量 / 亿吨	年份	地区生产总值 / 亿元	货物周转量 / 亿吨·千米	货运量 / 亿吨
2005	1869	3069	11.291	2013	59349	10537	19.405
2006	21241	3645	12.511	2014	64831	11028	20.862
2007	25988	4099	14.381	2015	71256	7374	21.165
2008	30945	4708	16.632	2016	77351	8291	21.565
2009	34472	5154	16.097	2017	85870	9727	23.409
2010	41384	6112	18.856	2018	93208	9684	24.739
2011	48839	7514	21.259	2019	98657	11115	28.106
2012	53702	8475	23.130	2020	102719	11539	28.851

通过 SPSS 软件计算地区生产总值与货运量、货运周转量的相关性，如表 6-2 所示。

表 6-2　地区生产总值与货运量、货运周转量的相关性

项目		地区生产总值 / 亿元	货运周转量 / 亿吨·千米	货运量 / 亿吨
地区生产总值 / 亿元	Pearson 相关性	1	0.895**	0.941**
	显著性（双侧）		0.000	0.000
	N	16	16	16
货运周转量 / 亿吨·千米	Pearson 相关性	0.895**	1	0.893**
	显著性（双侧）	0.000		0.000
	N	16	16	16
货运量 / 亿吨	Pearson 相关性	0.941**	0.893**	1
	显著性（双侧）	0.000	0.000	
	N	16	16	16

注：** 表示在 5% 水平上显著。

由表 6-2，地区生产总值与货运量、货运周转量的相关系数分别为 0.895 和 0.941，根据前述的分析，最终选择货运量（Y）作为因变量指标，用以衡量物流需求规模。

（二）指标的选取及指标数据来源

按照区域经济指标的确定原则，选取第一产业生产总值（X_1）、第二产业生产总值（X_2）、第三产业生产总值（X_3）、固定资产投资总额（X_4）、进口总额（X_5）、出口总额（X_6）、社会消费品零售总额（X_7）、城镇居民生活消费支出（X_8）、一般公共预算支出（X_9）等 9 个区域经济指标作为自变量。具体数据如表 6-3 所示，数据来自《江苏统计年鉴》。

表 6-3　2005—2020 年江苏省货运量及相关经济指标数据

年份	Y/ 亿吨	X_1/ 亿元	X_2/ 亿元	X_3/ 亿元	X_4/ 亿元	X_5/ 亿美元	X_6/ 亿美元	X_7/ 亿元	X_8/ 万元	X_9/ 亿元
2005	11.291	1390	10234	6497	8739	1050	1230	5863	0.8622	1673
2006	12.511	1468	11991	7781	10071	1236	1604	6866	0.9629	2013
2007	14.381	1716	14497	9775	12268	1459	2037	8188	1.0715	2553
2008	16.632	1988	17051	11906	15060	1542	2380	10171	1.1978	3247
2009	16.097	2144	18667	13661	18949	1396	1992	11807	1.3153	4017
2010	18.856	2409	21854	17121	23184	1952	2706	13990	1.4357	4914
2011	21.259	2909	25231	20699	26314	2271	3126	16511	1.6782	6221
2012	23.13	3241	27151	23310	31706	2196	3285	18946	1.8825	7027
2013	19.405	3447	29149	26753	35982	2220	3289	21505	2.2265	7798
2014	20.862	3607	31049	30174	41552	2219	3419	24176	2.3476	8472
2015	21.165	3952	33372	33932	45905	2069	3387	26710	2.4966	9687
2016	21.565	4040	35042	38270	49370	1903	3193	29613	2.6433	9981
2017	23.409	4045	39124	42700	53000	2278	3633	32818	2.7726	10621
2018	24.739	4142	42129	46936	55915	2600	4040	35473	2.9462	11657
2019	28.106	4297	43508	50852	58767	2347	3948	37673	3.1329	12574
2020	28.851	4537	44226	53956	58942	2465	3963	37086	3.0882	13682

二、主成分回归模型的建立

利用主成分分析方法常用软件 SPSS 将表 6-3 的数据进行测算，从而获得江苏省货运量区域经济指标的表达式，并验证预测模型的有效性。

（一）数据的标准化

为了避免这些经济指标之间因为数量级不同或者量纲不同对后续产生影响，在进行主成分回归之前，首先将表 6-3 的 9 个指标数据录入 SPSS，点选"分析"→"描述统计"→"描述"，将需要进行标准化处理的自变量选入变量框，按照式（3-20）进行标准化处理，得表 6-4。

表 6-4　各经济指标标准化后的值

ZX_1	ZX_2	ZX_3	ZX_4	ZX_5	ZX_6	ZX_7	ZX_8	ZX_9
-1.56113	-1.54862	-1.30288	-1.39438	-1.91562	-1.98305	-1.36307	-1.42898	-1.42853
-1.48922	-1.39343	-1.22186	-1.32117	-1.51981	-1.55236	-1.27327	-1.30292	-1.34157
-1.26057	-1.17209	-1.09604	-1.20041	-1.04526	-1.05371	-1.15491	-1.16698	-1.20346
-1.00979	-0.94651	-0.96158	-1.04695	-.86863	-0.65871	-0.97736	-1.00888	-1.02597
-0.86596	-0.80378	-0.85084	-0.83319	-1.17932	-1.10553	-0.83089	-0.86179	-0.82904
-0.62164	-0.52228	-0.63251	-0.60042	0.00386	-0.28329	-0.63544	-0.71108	-0.59963
-0.16065	-0.22401	-0.40675	-0.42838	0.68270	0.20038	-0.40973	-0.40752	-0.26536
0.14544	-0.05442	-0.24200	-0.13201	0.52309	0.38348	-0.19171	-0.15178	-0.05922
0.33537	0.12205	-0.02475	0.10302	0.57417	0.38809	0.03740	0.27884	0.13796
0.48288	0.28987	0.19111	0.40917	0.57204	0.53780	0.27654	0.43043	0.31034
0.80096	0.49505	0.42824	0.64843	0.25284	0.50095	0.50342	0.61694	0.62108
0.88210	0.64255	0.70196	0.83888	-0.10042	0.27754	0.76334	0.80058	0.69627
0.88671	1.00309	0.98149	1.03840	0.69759	0.78424	1.05029	0.96244	0.85996
0.97614	1.26851	1.24878	1.19862	1.38282	1.25294	1.28800	1.17975	1.12492
1.11904	1.39031	1.49587	1.35538	0.84443	1.14699	1.48497	1.41346	1.35944
1.34032	1.45373	1.69173	1.36500	1.09553	1.16427	1.43241	1.35750	1.64282

（二）求 PCA 表达式

点选"分析"→"降维"→"因子分析"，把表 6-4 中的数据选入变量框，在"描述统计"对话框中勾选"KMO 和 Bartlett 的球形度检验"，复选框在"抽取"对话框的"方法"下拉列表中选择"主成分"选择，在"输出"选项区域中勾选"未旋转的因子解"和"碎石图"复选框，在"抽取"选项区域中单击"基于特征值大于 1"单选按钮，在"旋转"对话框中单击"最大方差法"单选按钮，在"因子得分"对话框中勾选"保存为变量"和"显示因子得分系数矩阵"复选框。

图 6-1　因子分析

根据表 6-5，KMO 和 Bartlett 的检验：KMO 值为 0.842，大于 0.5；Bartlett 的球形度检验概率为 0.000，小于 0.05，表明可以进行主成分分析。

公因子方差和解释的总方差分别如表 6-6、表 6-7 所示。

表 6-5　KMO 和 Bartlett 的检验

取样足够度的 KMO 度量		0.842
Bartlett 的球形度检验	近似卡方	458.041
	df	36
	Sig.	0.000

区域经济影响下江苏省区域物流发展研究

表 6-6 公因子方差

变量名称	初始	提取
Zscore: 第一产业总产值 / 亿元	1.000	0.980
Zscore: 第二产业总产值 / 亿元	1.000	0.996
Zscore: 第三产业总产值 / 亿元	1.000	0.968
Zscore: 固定资产投资总额 / 亿元	1.000	0.985
Zscore: 进口总额 / 亿美元	1.000	0.829
Zscore: 出口总额 / 亿美元	1.000	0.937
Zscore: 社会消费品零售总额 / 亿元	1.000	0.981
Zscore: 城镇居民生活消费支出 / 万元	1.000	0.986
Zscore: 一般公共预算支出 / 亿元	1.000	0.990

表 6-7 解释的总方差

成分	初始特征值			提取平方和载入		
	合计	方差的百分比	累积百分比	合计	方差的百分比	累积百分比
1	8.652	96.128%	96.128%	8.652	96.128%	96.128%
2	0.292	3.245%	99.373%			
3	0.035	0.386%	99.759%			
4	0.010	0.111%	99.870%			
5	0.007	0.079%	99.949%			
6	0.003	0.031%	99.980%			
7	0.001	0.011%	99.991%			
8	0.001	0.007%	99.998%			
9	0.000	0.002%	100.000%			

由表 6-7 知，初始特征根大于 1 的公因子只有 1 个，且其方差累积贡献率达到了 96.128%，故得到 1 个主成分，并令其为 F。

提取成分矩阵如表 6-8 所示。

表 6-8　成分矩阵

变量名称	成分
	1
Zscore: 第一产业总产值 / 亿元	0.990
Zscore: 第二产业总产值 / 亿元	0.998
Zscore: 第三产业总产值 / 亿元	0.984
Zscore: 固定资产投资总额 / 亿元	0.992
Zscore: 进口总额 / 亿美元	0.911
Zscore: 出口总额 / 亿美元	0.968
Zscore: 社会消费品零售总额 / 亿元	0.990
Zscore: 城镇居民生活消费支出 / 万元	0.993
Zscore: 一般公共预算支出 / 亿元	0.995

由成分矩阵各个指标的成分，得主成分表达式：

$$F = 0.99ZX_1 + 0.998ZX_2 + 0.984ZX_3 + 0.992ZX_4 + 0.911ZX_5 + 0.968ZX_6 + \\ 0.99ZX_7 + 0.993ZX_8 + 0.995ZX_9 \quad\quad (6\text{-}1)$$

（三）PCR 模型的还原

将表 6-4 中的数据代入式（6-1）得主成分 F 的值，并与各年份的货运量共同列表如表 6-9 所示。

表 6-9　2005—2020 年货运量与计算得出的 F 值

年份	货运量 Y/ 亿吨	F 值
2005	11.291	−13.611
2006	12.511	−12.154
2007	14.381	−10.159
2008	16.632	−8.348
2009	16.097	−7.971
2010	18.856	−4.557
2011	21.259	−1.466
2012	23.130	0.169
2013	19.405	1.882

年份	货运量 Y/ 亿吨	F 值
2014	20.862	3.413
2015	21.165	4.796
2016	21.565	5.458
2017	23.409	8.121
2018	24.739	10.689
2019	28.106	11.418
2020	28.851	12.322

在对主成分 F 与江苏省货运量 Y 进行一元回归分析之前，先对两个变量的数据进行相关分析。选择"分析"→"相关"→"双变量"，打开对话框，将变量"货运量 Y"与"F 值"移入 variables 列表框，单击 ok 运行，结果如表 6-10 所示。

表 6-10 货运量与 F 值的相关性

		货运量 / 亿吨	F 值
货运量 / 亿吨	Pearson 相关性	1	0.951[**]
	显著性（双侧）		0.000
	N	16	16
F 值	Pearson 相关性	0.951[**]	1
	显著性（双侧）	0.000	
	N	16	16

注：** 表示在水平上显著。

由表 6-10 知，货运量与 F 值的相关性系数为 0.951，R 方为 0.905，说明线性方程拟合优度较好，进行线性回归，得系数和常量如表 6-11 所示。

表 6-11 货运量与 F 值线性回归的系数和常量

模型		非标准化系数		标准系数	t	Sig.
		B	标准误差	试用版		
1	（常量）	20.141	0.405		49.683	0.000
	F 值	0.557	0.048	0.951	11.515	0.000

根据表 6-11 得如下一元回归方程：

$$Y=0.557F+20.141 \qquad (6-2)$$

将式（6-1）代入式（6-2）中，得出标准化后的自变量 ZX_i 与因变量 Y 的方程：

$$Y = 0.551ZX_1 + 0.556ZX_2 + 0.548ZX_3 + 0.553ZX_4 + 0.507ZX_5 + \\ 0.539ZX_6 + 0.551ZX_7 + 0.553ZX_8 + 0.554ZX_9 + 20.141 \qquad (6-3)$$

根据式（3-20）对式（6-3）进行逆标准化处理，得如下多元线性方程：

$$Y = 0.00051X_1 + 0.00005X_2 + 0.00003X_3 + 0.00003X_4 + 0.00108X_5 + \\ 0.00062X_6 + 0.00005X_7 + 0.69236X_8 + 0.00014X_9 + 7.839$$

$$(6-4)$$

（四）PCR 模型的检验

将表 6-3 中的 $X_1 \sim X_9$ 的数据代入式（6-4）得江苏省 2005—2020 年货运量预测值，并与实际值共同列于表 6-12 进行比较。

表 6-12　货运量实际值与预测值的比较

年份	货运量实际值 / 亿吨	货运量预测值 / 亿万吨	绝对误差	相对误差
2005	11.291	12.560	1.269	11.2%
2006	12.511	13.371	0.860	6.9%
2007	14.381	14.483	0.102	0.7%
2008	16.632	15.491	1.141	6.9%
2009	16.097	15.701	0.396	2.5%
2010	18.856	17.603	1.253	6.6%
2011	21.259	19.324	1.935	9.1%
2012	23.13	20.235	2.895	12.5%
2013	19.405	21.189	1.784	9.2%
2014	20.862	22.042	1.180	5.7%
2015	21.165	22.812	1.647	7.8%
2016	21.565	23.181	1.616	7.5%
2017	23.409	24.664	1.255	5.4%
2018	24.739	26.095	1.356	5.5%
2019	28.106	26.501	1.605	5.7%
2020	28.851	27.004	1.847	6.4%
平均相对误差				6.8%

区域经济影响下江苏省区域物流发展研究

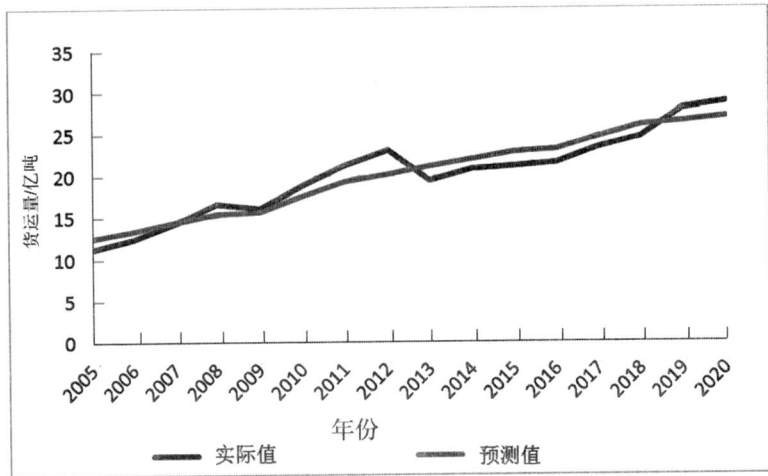

图 6-2　2005—2020 年江苏省货运量实际值与预测值比较曲线

由式（3-24）、式（3-25）求得的 R^2=96.56%、$\bar{R}^2$=91.4%，说明模型的拟合优度非常好；且从表 6-12 中可以看出，2005—2020 年江苏省货运量预测值与实际值非常接近，平均相对误差仅为 6.8%，同样说明模型的预测精度较高，可以用来作为中短期物流需求预测的工具。

三、基于区域经济的趋势外推预测的区域物流需求 PCR 预测模型的应用

通过对区域经济的趋势外推预测，得出各自变量指标的趋势外推预测模型，通过模型进行预测，并将预测结果代入 PCR 预测模型中，得出所需要的预测值。

（一）区域经济的趋势外推预测模型

为了应用 PCR 模型对未来江苏省物流需求进行预测，基于 2005—2020 年江苏省区域经济数据，运用趋势外推法建立自变量的预测模型，即把这些自变量指标输入 SPSS 软件，在线性、二次、三次、幂、指数等方程模型中通过比较 R 方大小，选择 R 方最大值的方程为最优模型。

X_1 的三次方程的 R 方最大，为 0.991，得 $X_1=151.933n+20.331n^2-$

$1.073n^3+1131$；

X_2的线性、二次、三次方程的 R 方同时最大，为 0.996，本例取三次方程，得 $X_2=2098.031n+48.861n^2-2.179n^3+7884.846$；

X_3的二次、三次方程的 R 方同时最大，为 0.999，本例取三次方程，得 $X_3=597.692n+248.256n^2-5.947n^3+5727.319$；

X_4的三次方程的 R 方最大，为 1，得 $X_4=-492.147n+613.043n^2-24.055n^3+8779.319$；

X_5的幂函数的 R 方最大，为 0.872，得 $X_5=n^{0.32}+1023.054$；

X_6的幂函数的 R 方最大，为 0.952，得 $X_6=n^{0.432}+1226.246$；

X_7的三次方程的 R 方最大，为 0.998，得 $X_7=-103.291n+302.08n^2-10.592n^3+5965.132$；

X_8的三次方程的 R 方最大，为 0.996，得 $X_8=-0.008n+0.025n^2-0.001n^3+0.868$；

X_9的三次方程的 R 方最大，为 0.996，得 $X_9=541.832n+34.021n^2-1.181n^3+837.459$。

式中，n 是自 2005 年到预测年份的样本数量，根据自变量趋势外推模型得近 5 年（2021—2025 年）江苏省区域经济指标的预测值如表 6-13 所示。

表 6-13　2021—2025 年江苏省区域经济指标的预测值

年份	X_1/ 亿元	X_2/ 亿元	X_3/ 亿元	X_4/ 亿元	X_5/ 亿美元	X_6/ 亿美元	X_7/ 亿元	X_8/ 万元	X_9/ 亿元
2021	4319.0	46964.7	58417.6	59398.9	2533.12	4168.27	39471.7	3.12327	14077.6
2022	4196.6	48769.9	62239.2	58256.5	2579.88	4272.44	40207.1	3.08300	14724.7
2023	3999.1	50437.5	65915.1	55742.2	2624.91	4373.37	40402.8	2.98573	15312.3
2024	3719.9	51954.4	69409.5	51711.7	2668.35	4471.33	39995.1	2.82549	15833.2
2025	3352.7	53307.5	72686.8	46020.7	2710.34	4566.54	38920.6	2.59632	16280.5

（二）区域物流需求 PCR 预测模型的应用

将表 6-13 中的数据代入式（6-4），得 2021—2025 年江苏省物流预测值，如表 6-14 所示。

表6-14 2021—2025年江苏省货运量预测值　　　　单位：亿吨

年份	货运量
2021	27.595
2022	27.935
2023	28.104
2024	28.085
2025	27.862

由表6-14中的数据可以看出，2021—2025年这5年间的货运量预测值均在28亿吨左右，且波动不大，较为稳定。

第三节　研究结论和策略建议

本章以获取江苏省物流需求量为目标，在分析江苏省区域经济第一产业生产总值、第二产业生产总值、第三产业生产总值、固定资产投资总额、进口总额、出口总额、社会消费品零售总额、城镇居民生活消费支出、一般公共预算支出等9个区域经济指标的基础上运用主成分回归（PCR）方法构建了江苏省物流需求的预测模型，运用趋势外推对模型进行应用，以期得到未来关于江苏省物流需求量的预测。

一、研究结论

以江苏省物流指标与经济指标的面板数据为例，运用主成分回归法构建了江苏省物流需求的预测模型；为应用构建的PCR模型，运用趋势外推法构建了江苏省区域经济各指标的预测模型，经检验，模型精度较高。由趋势外推法构建的预测模型进行自变量预测，反映了2021—2025年江苏省区域经济各指标的预测值及其增减变化情况，将该预测数据作为自变量代入区域物流需求的PCR预测模型，得到对应年份江苏省货运量的预测数据，可知近5年江苏省货运量均在28亿吨左右，且波动不大，较为稳定。构建预测模型有助于江苏省在制定区域经济与物流发展规划、进行宏观运行管理和调控决策时把握物流需求规模与区域产业、区域贸易及区域消费等区域经济发展之间的矛盾。

二、策略建议

根据预测模型中自变量的系数，9 个自变量中对江苏省货运量增长的影响由大到小依次为城镇居民生活消费支出（X_8）、进口总额（X_5）、出口总额（X_6）、第一产业生产总值（X_1）、一般公共预算支出（X_9），剩下的第二产业生产总值（X_2）和社会消费品零售总额（X_7）相同、第三产业生产总值（X_3）和固定资产投资总额（X_4）相同。由此，本书从自变量的三个维度对地区生产总值的影响给出江苏省物流业发展的建议。

（一）做好物流供给的条件准备

自 2012 年以来的十年来，江苏省居民人均可支配收入翻了一番，达到 4.75 万元，位居全国前列，居民人均生活消费支出年均增长 7.4%。十年来，江苏居民收入来源更加多元，收入渠道不断拓宽，收入结构逐步优化；江苏省居民消费结构优化，人民生活质量持续提升，进出口总额就是个很好的反映。随着生活水平的提高，城乡居民对于保障和改善民生的要求也越来越高，这些都催生了强大的物流需求，需要在物流供给上做好准备，加强交通基础设施建设、信息设施建设，以改善企业物流业务的效率和提高服务水平；发展大型物流园区，构造水路物流港、航空物流港、公路物流港、城市配送中心和电商物流中心等立体化物流网络和完整物流产业链，打造物流业主体，发展大型物流企业，作为领导中小企业发展的方向标，进一步提高资源使用率和物流的集聚效应。

（二）重视区域农产品物流的发展

全面实施乡村振兴战略，扎实推进新型城镇化建设，有力促进了农民收入的较快增长，城乡居民收入差距不断缩小；江苏既是经济大省，也是农业大省，研究江苏省农产品物流网络构建，有利于合理分配农产品物流资源，优化农业结构，降低区域农产品流通成本，发展优质、特色农业；有助于提高农产品物流资源的利用效率，加快农业产业发展，对进一步巩固脱贫攻坚成果、实施乡村振兴战略具有重要意义。

第七章　江苏省农产品区域物流网络构建

江苏省农业和物流业均较发达，但农产品的主要产出地、需求地不一致，农产品物流发展水平的地域性与经济发展水平不一致，故而构建江苏省农产品物流网络，提高农产品物流资源利用率、运转效率势在必行。基于轴辐理论，本章首先构建了江苏省 13 个地级市的农产品物流发展评价指标体系，运用主成分分析法得出各城市的农产品物流发展水平综合得分，并据此得分及排名确定轴心城市和辐点城市；然后运用引力模型计算各城市之间农产品物流绝对性及相对性引力，鉴于城市间的相互吸引力的不对称性、相互吸引力的产生均受多方面因素影响，考虑城市间的绝对性引力和相对性引力的差异，使用"物流质量""经济距离"改进了引力模型中的引力系数、质量和距离等参数的内涵；接着对各城市间农产品物流引力，运用隶属度模型，得出 9 个辐点城市对 4 个轴心城市的隶属关系。根据确定的轴心城市与辐点城市的隶属关系以及干线通道、支线通道，构建了苏州、徐州、南京、盐城四个区域农产品物流圈，分析了各个物流圈的功能和定位，希望能为区域经济、农产品区域物流发展布局和资源配置提供决策参考。

第一节　江苏省农产品区域物流发展水平评价

为了评价江苏省农产品区域物流发展水平，结合江苏省农业和物流业发展的情况，借鉴以往学者的研究成果，构建江苏省农产品区域物流发展评价指标体系，运用主成分分析法得出各主成分得分及综合得分，按综合得分进行排序，对江苏省农产品区域物流发展水平进行评价。

一、指标体系构建

结合江苏省农业和物流业发展的情况，借鉴文献刘明玉和张立中[113]及何美玲等[115]研究物流网络体系所选取的指标，根据指标数据表征研究对象的科学性、代表性原则，以区域经济发展状况、农产品产出水平和区域物流发展水平作为一级指标，选取地区生产总值、居民人均可支配收入、居民人均生活消费支出、社会消费品零售总额、农业总产值、农产品总产量、农业生产总值、农产品物流相关产业（交通、仓储和邮政业）从业人数、物流相关产业生产总值、邮电业务总量、移动通信用户数等11个二级指标，构建江苏省农产品区域物流发展评价指标体系，如表7-1所示。为了反映研究的时效性，取二级指标距今最近的2020年数据（如表7-2所示）进行研究。各项指标数据来源于2021年度的《江苏统计年鉴》。

表7-1　江苏省农产品区域物流发展评价指标体系

一级指标	二级指标
区域经济发展状况	地区生产总值（X_1）、居民人均可支配收入（X_2）、居民人均生活消费支出（X_3）、社会消费品零售总额（X_4）
农产品产出水平	农业总产值（X_5）、农产品总产量（X_6）、农业生产总值（X_7）
区域物流发展水平	农产品物流相关产业从业人数（X_8）、物流相关产业生产总值（X_9）、邮电业务总量（X_{10}）、移动通信用户数（X_{11}）

表 7-2　江苏省农产品区域物流发展评价二级指标 2020 年数据

城市	X_1 /亿元	X_2 /元	X_3 /元	X_4 /亿元	X_5 /亿元	X_6 /万吨	X_7 /亿元	X_8 /万人	X_9 /亿元	X_{10} /亿元	X_{11} /万户
南京	14817.95	60606	32844	7203.03	257.64	125.27	192.77	6.64	519.77	1484.64	1263.81
无锡	12370.48	57589	33443	2994.36	125.05	65.74	95.17	3.18	258.95	1121.2	945.43
徐州	7319.77	31166	17642	3286.09	749.26	616.38	528.81	16.24	326.96	883.24	963.96
常州	7805.32	52080	28291	2421.36	150.68	92.8	111.43	4.81	223.06	722.22	639.91
苏州	20170.45	62582	34770	7701.98	172.1	107.79	124.73	5.41	524.39	2420.7	1763.92
南通	10036.31	42608	24670	3370.4	360.05	490.19	266.92	14.95	256.27	887.3	844.46
连云港	3277.07	29501	17472	1104.29	308.15	489.48	213.67	8.94	159.66	457.76	467.79
淮安	4025.37	31619	16457	1675.85	425.4	568.69	287.21	7.28	141.2	435.04	471.34
盐城	5953.38	33707	18472	2216.12	537.9	928.17	352.62	14.12	216.45	605.04	678.66
扬州	6048.33	38843	22060	1379.29	245.19	356.36	169.24	7.55	149.65	491.82	523.59
镇江	4220.09	46180	25337	1141.93	144.99	118.54	101.9i	3.44	173.52	351.3	369.78
泰州	5312.77	39701	22886	1333.26	280.94	351.95	204.43	12.98	224.77	434.14	476.49
宿迁	3262.37	26421	15204	1258.08	336.18	489.24	226.67	7.93	69.08	543.81	487.9

二、各城市的农产品物流发展水平评价

为消除指标原始数据的不一致性，运用 SPSS 软件对表 7-2 数据进行标准化处理，结果如表 7-3 所示。

表 7-3　标准化后的数据

城市	ZX_1	ZX_2	ZX_3	ZX_4	ZX_5	ZX_6	ZX_7	ZX_8	ZX_9	ZX_{10}	ZX_{11}
南京	1.336	1.463	1.326	1.980	-0.322	-0.937	-0.236	-0.471	1.973	1.129	1.264
无锡	0.853	1.219	1.414	0.064	-1.075	-1.163	-1.048	-1.251	0.069	0.499	0.462
徐州	-0.144	-0.917	-0.906	0.197	2.458	0.947	2.557	1.694	0.565	0.086	0.510
常州	-0.048	0.774	0.658	-0.196	-0.928	-1.060	-0.912	-0.884	-0.193	-0.193	-0.305
苏州	2.391	1.622	1.609	2.208	-0.809	-1.002	-0.802	-0.748	2.006	2.753	2.522
南通	0.392	0.008	0.126	0.236	0.256	0.463	0.380	1.403	0.049	0.093	0.208
连云港	-0.941	-1.051	-0.931	-0.796	-0.039	0.459	-0.063	0.048	-0.656	-0.652	-0.738
淮安	-0.794	-0.880	-1.080	-0.536	0.624	0.766	0.549	-0.327	-0.791	-0.692	-0.730
盐城	-0.413	-0.711	-0.784	-0.290	1.263	2.143	1.092	1.216	-0.241	-0.397	-0.207
扬州	-0.394	-0.296	-0.257	-0.671	-0.395	-0.051	-0.432	-0.266	-0.729	-0.593	-0.597
镇江	-0.755	0.297	0.224	-0.779	-0.962	-0.960	-0.992	-1.193	-0.555	-0.837	-0.984
泰州	-0.539	-0.227	-0.136	-0.692	-0.192	-0.066	-0.139	0.959	-0.181	-0.693	-0.718
宿迁	-0.944	-1.300	-1.264	-0.726	0.120	0.459	0.045	-0.180	-1.317	-0.503	-0.687

对标准化后的指标数据进行效度检验，发现 KMO=0.612，大于 0.5；Sig. =0.000，小于 0.05，表明适合进行主成分分析，进而可得各成分特征值的方差贡献率与累积贡献率，如表 7-4 所示。

表 7-4 解释的总方差

成分	初始特征值			提取平方和载入			旋转平方和载入		
	合计	方差的百分比	累积百分比	合计	方差的百分比	累积百分比	合计	方差的百分比	累积百分比
1	7.050	64.089%	64.089%	7.050	64.089%	64.089%	5.860	53.277%	53.277%
2	3.171	28.826%	92.916%	3.171	28.826%	92.915%	4.360	39.639%	92.916%
3	0.323	2.934%	95.850%						
4	0.228	2.076%	97.926%						
5	0.111	1.005%	98.931%						
6	0.090	0.820%	99.750%						
7	0.021	0.187%	99.938%						
8	0.004	0.040%	99.977%						
9	0.002	0.018%	99.996%						
10	0.000	0.003%	99.999%						
11	0.000	0.001%	100.000%						

其中：第一个主成分特征值方差贡献率为 7.050，解释原有 11 个变量总方差的 64.089%；第二个主成分特征值方差贡献率为 3.171，解释原有 11 个变量总方差的 28.826%，累计贡献率为 92.915%。可见，选取这两个主成分进行分析，可基本代表江苏省 13 个地级市的农产品物流发展水平。

求得 11 个评价指标的主成分载荷值如表 7-5 所示。

表 7-5 主成分载荷值

数据	成分	
	1	2
ZX_1	0.167	0.013
ZX_2	0.091	−0.109
ZX_3	0.089	−0.111
ZX_4	0.185	0.062
ZX_5	0.068	0.252
ZX_6	0.003	0.201

数据	成分	
	1	2
ZX_7	0.075	0.254
ZX_8	0.066	0.232
ZX_9	0.187	0.070
ZX_{10}	0.174	0.037
ZX_{11}	0.191	0.075

根据表 7-5 可得各主成分得分和总得分函数：

$$F_1 = 0.167ZX_1 + 0.091ZX_2 + 0.089ZX_3 + 0.185ZX_4 + \\ 0.068ZX_5 + 0.003ZX + 0.075ZX_7 + 0.066ZX_8 + \\ 0.187ZX_9 + 0.174ZX_{10} + 0.191ZX_{11}$$　（7-1）

$$F_2 = 0.013ZX_1 - 0.109ZX_2 - 0.111ZX_3 + 0.062ZX_4 + \\ 0.252ZX_5 + 0.201ZX_6 + 0.254ZX_7 + 0.232ZX_8 + \\ 0.07ZX_9 + 0.037ZX_{10} + 0.075ZX_{11}$$　（7-2）

这两个主成分分别从经济和物流水平、农产品产出水平两方面对江苏省各地级市农产品物流发展水平进行评价，按照表 7-4 中的方差贡献率作为两个主成分的权数，得各地级市农产品物流发展水平综合评价

$$F = \frac{0.53}{0.53 + 0.40} \times F_1 + \frac{0.40}{0.53 + 0.40} \times F_2$$　（7-3）

将表 7-3 的数据代入式（7-1）至式（7-3），可得各主成分得分及综合得分，按综合得分进行排序，如表 7-6 所示。

表 7-6　江苏省各地级市的农产品物流发展水平得分及排名

城市	F_1	排名	F_2	排名	F	排名
徐 州	0.540	3	2.144	1	1.230	1
苏 州	2.267	1	−0.539	10	1.060	2
南 京	1.574	2	−0.331	8	0.755	3
盐 城	−0.156	6	1.403	2	0.514	4
南 通	0.326	5	0.607	3	0.447	5

城市	F_1	排名	F_2	排名	F	排名
淮安	-0.751	10	0.411	4	-0.251	6
泰州	-0.503	8	0.023	7	-0.276	7
无锡	0.341	4	-1.278	13	-0.355	8
连云港	-0.863	11	0.109	6	-0.445	9
宿迁	-0.987	13	0.155	5	-0.496	10
扬州	-0.670	9	-0.385	9	-0.548	11
常州	-0.236	7	-1.097	11	-0.607	12
镇江	-0.882	12	-1.223	12	-1.028	13

第二节　江苏省农产品区域物流网络
轴心城市及辐射范围

　　本节根据江苏省各地级市农产品物流发展水平综合得分和排名，确定轴心城市、辐点城市；运用改进引力模型计算各城市之间农产品物流引力，根据隶属度模型得出辐点城市对轴心城市的隶属关系，确定各轴心城市的辐射范围及干线通道、支线通道，构建了苏州、徐州、南京、盐城四个区域农产品物流圈，分析了各个物流圈的功能、定位、产出、需求、作用和发展方向，希望能为区域经济、区域农产品物流发展布局和资源配置提供决策参考。

一、轴心—辐点城市的确定原则

　　根据表7-6各地级市综合得分的排名，可以将综合得分值大于1的徐州市、苏州市作为江苏省农产品区域物流网络一级节点城市，将综合得分值介于0~1的南京、盐城、南通3个城市作为二级节点城市，则综合得分大于0的城市共5个，由于苏州和南通接壤，且经纬度大致相同，若都定为轴心城市将不利于提高农产品资源配置效率，故取排名较高的苏州市作为轴心城市，则共取 4 个轴心城市（苏州、徐州、南京、盐城）；南通和其余 8 个三级节点城市共 9 个作为辐点城市，4 座轴心城市分别分布在江苏省的南、北、西、东四个方位，可有效发挥区域带动作用，促进区域农产品物流的发展。

根据确定的轴心城市、辐点城市可以发现，江苏省农产品物流发展水平的地域性与经济发展水平并不完全一致。苏南地区的无锡、常州经济发展状况较好，但农业发展水平不高，所以农产品物流得分排名靠后；苏北地区的徐州、盐城为传统的农业大市，物流规模、农产品产出水平均较高，故农产品物流发展水平得分排名位于全省前列。作为经济发展最好的苏州市，其农产品物流发展水平得分排名位于全省第二，一部分归功于它经济发展好、物流基础设施设备完善、人口众多、需求量大，另一部分也归功于当地的农业现代化程度高、农产品商品化程度高。

二、改进引力模型和隶属度模型的应用

在将表 7-6 中各城市的综合得分作为"物流质量"时，由于数值较小且存在部分负值，影响"物流质量"含义的表达，因此在不影响研究结论的前提下，将各城市的综合得分增加 3 个单位，使 13 个地级市的"物流质量"都为正值，如表 7-7 所示。

表 7-7　江苏省各地级市农产品物流质量

城市	物流质量	城市	物流质量
南京	3.755	淮安	2.749
无锡	2.645	盐城	3.514
徐州	4.230	扬州	2.452
常州	2.393	镇江	1.972
苏州	4.06	泰州	2.724
南通	3.447	宿迁	2.504
连云港	2.555		

将表 7-7 中各城市的"物流质量"代入式（3-26）可得江苏省各城市间的联系方向，如表 7-8 所示。

区域经济影响下江苏省区域物流发展研究

表7-8 江苏省各地级市间的联系方向

城市	南京	无锡	徐州	常州	苏州	南通	连云港	淮安	盐城	扬州	镇江	泰州	宿迁
南京		0.413	0.530	0.389	0.520	0.479	0.405	0.423	0.483	0.395	0.344	0.420	0.400
无锡	0.587		0.615	0.475	0.606	0.566	0.491	0.510	0.571	0.481	0.427	0.507	0.486
徐州	0.470	0.385		0.361	0.490	0.449	0.377	0.394	0.454	0.367	0.318	0.392	0.372
常州	0.611	0.525	0.639		0.629	0.590	0.516	0.535	0.595	0.506	0.452	0.532	0.511
苏州	0.480	0.394	0.510	0.371		0.459	0.386	0.404	0.464	0.377	0.327	0.401	0.381
南通	0.521	0.434	0.551	0.410	0.541		0.426	0.444	0.505	0.416	0.364	0.441	0.421
连云港	0.595	0.509	0.623	0.484	0.614	0.574		0.518	0.579	0.490	0.436	0.516	0.495
淮安	0.577	0.490	0.606	0.465	0.596	0.556	0.482		0.561	0.472	0.418	0.498	0.477
盐城	0.517	0.429	0.546	0.405	0.536	0.495	0.421	0.439		0.411	0.359	0.437	0.416
扬州	0.605	0.519	0.633	0.494	0.623	0.584	0.510	0.528	0.589		0.446	0.526	0.505
镇江	0.656	0.573	0.682	0.548	0.673	0.636	0.564	0.582	0.641	0.554		0.580	0.560
泰州	0.580	0.493	0.608	0.468	0.599	0.559	0.484	0.502	0.563	0.474	0.420		0.479
宿迁	0.600	0.514	0.628	0.489	0.619	0.579	0.505	0.523	0.584	0.495	0.440	0.521	

江苏省各地级市间的公路运输时间如表7-9所示。

表7-9 江苏省各地级市间的公路运输时间　　　　单位：小时

城市	南京	无锡	徐州	常州	苏州	南通	连云港	淮安	盐城	扬州	镇江	泰州	宿迁
南京													
无锡	2.62												
徐州	3.87	5.30											
常州	2.78	1.50	4.52										
苏州	2.83	1.10	5.40	1.47									
南通	3.30	2.03	4.90	2.05	1.88								
连云港	3.72	4.42	2.37	4.20	4.62	3.83							
淮安	2.97	4.10	2.62	3.93	4.60	3.87	2.47						
盐城	3.12	2.93	3.50	2.63	3.03	2.37	2.52	2.98					
扬州	1.60	2.48	5.35	1.58	2.65	2.47	3.57	2.50	2.30				
镇江	1.53	2.07	5.60	1.17	2.25	2.36	6.68	2.77	2.43	1.10			
泰州	2.20	2.00	4.20	1.55	2.25	2.02	5.53	2.98	1.73	1.22	1.50		
宿迁	3.25	4.57	2.57	4.03	4.72	4.23	2.03	1.88	2.90	3.12	3.50	3.72	0

江苏省各城市间的最短交通距离 D_{ij} 如表7-10所示。

表7-10　江苏省各地级市间的最短交通距离　　　　单位：千米

城市	南京	无锡	徐州	常州	苏州	南通	连云港	淮安	盐城	扬州	镇江	泰州	宿迁
南京													
无锡	178	0											
徐州	397	573	0										
常州	129	49	526	0									
苏州	228	50	623	99	0								
南通	337	159	520	208	109	0							
连云港	319	433	218	448	483	380	0						
淮安	193	369	204	322	419	316	126	0					
盐城	277	240	333	289	290	187	193	129	0				
扬州	109	230	380	238	280	389	302	176	230	0			
镇江	78	199	411	207	249	358	333	207	199	31	0		
泰州	157	120	453	169	170	279	313	249	120	110	79	0	
宿迁	287	463	110	416	513	410	220	94	223	270	301	343	0

将公路运输费率 C_{ij} 代入式（3-27），可得江苏省各地级市间农产品物流"经济距离 $\widetilde{d_{ij}}$"如表7-11所示。

表7-11　江苏省各地级市间农产品物流"经济距离"

城市	南京	无锡	徐州	常州	苏州	南通	连云港	淮安	盐城	扬州	镇江	泰州
南京												
无锡	8.874											
徐州	13.205	16.577										
常州	8.136	4.795	15.275									
苏州	9.895	4.353	17.152	6.017								
南通	11.860	7.857	15.635	8.616	6.752							
连云港	12.116	14.209	9.182	14.132	14.955	12.976						
淮安	9.506	13.141	9.286	12.385	14.246	12.238	7.754					
盐城	10.900	10.183	12.047	10.451	10.968	8.724	8.999	8.326				
扬州	6.396	9.497	14.501	8.268	10.363	11.291	11.735	8.707	9.258			
镇江	5.640	8.513	15.114	7.129	9.437	10.822	14.945	9.507	8.989	3.712		
泰州	8.032	7.114	14.184	7.324	8.309	9.450	13.747	10.367	6.782	5.856	5.623	
宿迁	11.185	14.693	7.510	13.602	15.368	13.756	8.755	6.427	9.899	10.808	11.648	12.413

将表 7-8、表 7-11 数据代入式（3-28），得江苏省各地级市之间农产品物流绝对性及相对性引力，如表 7-12 所示。

表 7-12　江苏省各地级市间农产品物流绝对性及相对性引力强度

城市	南京	无锡	徐州	常州	苏州	南通	连云港	淮安	盐城	扬州	镇江	泰州	宿迁
南京		0.052	0.048	0.053	0.081	0.044	0.026	0.048	0.054	0.089	0.080	0.067	0.030
无锡	0.074		0.025	0.131	0.343	0.084	0.016	0.021	0.051	0.035	0.031	0.072	0.015
徐州	0.043	0.016		0.016	0.029	0.027	0.048	0.053	0.046	0.018	0.012	0.022	0.070
常州	0.083	0.145	0.028		0.169	0.066	0.016	0.023	0.046	0.043	0.042	0.065	0.017
苏州	0.075	0.224	0.030	0.100		0.141	0.018	0.022	0.055	0.035	0.029	0.064	0.016
南通	0.048	0.064	0.033	0.046	0.166		0.022	0.028	0.080	0.028	0.021	0.046	0.019
连云港	0.039	0.017	0.080	0.015	0.028	0.030		0.061	0.064	0.022	0.010	0.019	0.041
淮安	0.066	0.021	0.082	0.020	0.033	0.035	0.056		0.078	0.042	0.025	0.035	0.079
盐城	0.057	0.038	0.056	0.031	0.064	0.079	0.047	0.061		0.041	0.031	0.091	0.037
扬州	0.136	0.037	0.031	0.042	0.058	0.039	0.023	0.047	0.059		0.156	0.102	0.027
镇江	0.153	0.041	0.025	0.051	0.061	0.037	0.013	0.035	0.055	0.195		0.099	0.020
泰州	0.092	0.070	0.035	0.057	0.096	0.059	0.018	0.035	0.117	0.092	0.071		0.021
宿迁	0.045	0.016	0.118	0.016	0.027	0.026	0.042	0.087	0.052	0.026	0.016	0.023	

将表 7-10 数据带入式（3-29）可得到轴心城市对辐点城市农产品绝对性和相对性物流隶属度，如表 7-13、表 7-14 所示。

表 7-13　江苏省区域轴心城市农产品物流绝对性引力强度 I_{ij} 及物流隶属度 P_{ij}

城市	绝对物流引力强度				物流隶属度				隶属城市
	南京	苏州	徐州	盐城	南京	苏州	徐州	盐城	
宿迁	0.045	0.027	0.118	0.052	0.186	0.110	0.487	0.217	徐州
无锡	0.074	0.343	0.025	0.051	0.150	0.696	0.051	0.104	苏州
泰州	0.092	0.096	0.035	0.117	0.270	0.282	0.103	0.345	盐城
常州	0.083	0.169	0.028	0.046	0.255	0.519	0.085	0.141	苏州
镇江	0.153	0.061	0.025	0.055	0.521	0.207	0.085	0.188	南京
南通	0.048	0.166	0.033	0.080	0.147	0.507	0.100	0.246	苏州
连云港	0.039	0.028	0.080	0.064	0.184	0.135	0.378	0.304	徐州
淮安	0.066	0.033	0.082	0.078	0.255	0.127	0.316	0.302	徐州
扬州	0.136	0.058	0.031	0.059	0.479	0.203	0.110	0.208	南京

表7-14　江苏省区域轴心城市农产品物流相对性引力强度 I_{ji} 及物流隶属度 P_{ji}

城市	相对物流引力强度				物流隶属度				隶属城市
	南京	苏州	徐州	盐城	南京	苏州	徐州	盐城	
宿迁市	0.030	0.016	0.070	0.037	0.196	0.107	0.454	0.243	徐州
无锡市	0.052	0.224	0.016	0.038	0.158	0.678	0.047	0.117	苏州
泰州市	0.067	0.064	0.022	0.091	0.273	0.263	0.092	0.372	盐城
常州市	0.053	0.100	0.016	0.031	0.265	0.500	0.079	0.157	苏州
镇江市	0.080	0.029	0.012	0.031	0.527	0.193	0.076	0.203	南京
南通市	0.044	0.141	0.027	0.079	0.152	0.485	0.092	0.271	苏州
连云港	0.026	0.018	0.048	0.047	0.190	0.129	0.346	0.335	徐州
淮安市	0.048	0.022	0.053	0.061	0.261	0.120	0.287	0.331	盐城
扬州市	0.089	0.035	0.018	0.041	0.485	0.190	0.099	0.225	南京

根据表7-13、表7-14确定各轴心城市的辐射范围，由于淮安市在绝对性引力强度和相对性引力强度中所隶属的城市不同，综合表7-8、表7-11、表7-12可知，以淮安为主导的 $G_{淮-徐} < G_{淮-盐}$、$\tilde{d}_{淮-盐} < \tilde{d}_{淮-徐}$、$I_{淮-徐} < I_{淮-盐}$，所以淮安市更适合隶属于盐城市，因此可以确定轴心城市的辐射范围如表7-15所示。

表7-15　轴心城市及辐射范围

轴心城市	辐射范围
苏州	苏州—无锡、苏州—常州、苏州—南通
南京	南京—扬州、南京—镇江
徐州	徐州—宿迁、徐州—连云港
盐城	盐城—泰州、盐城—淮安

第三节　江苏省农产品区域物流网络构建

根据引力强度和隶属度，在确定的4个轴心城市中，由于苏州所处毗邻上海的区位，与周围其他城市的空间联系紧密，且辐射3个城市，而徐州、南京、盐城均辐射2个城市，因此，苏州更适合作为一级轴心城市；徐州、南京、盐城均作为二级轴心城市，由此确定江苏省农产品物流网络四个物流圈和干线通道：苏州—南京—徐州—盐城，以及根据表 7-15 确定各轴心城市的支线通道，得江苏省农产品物流网络构建示意图，如图 7-1 所示。

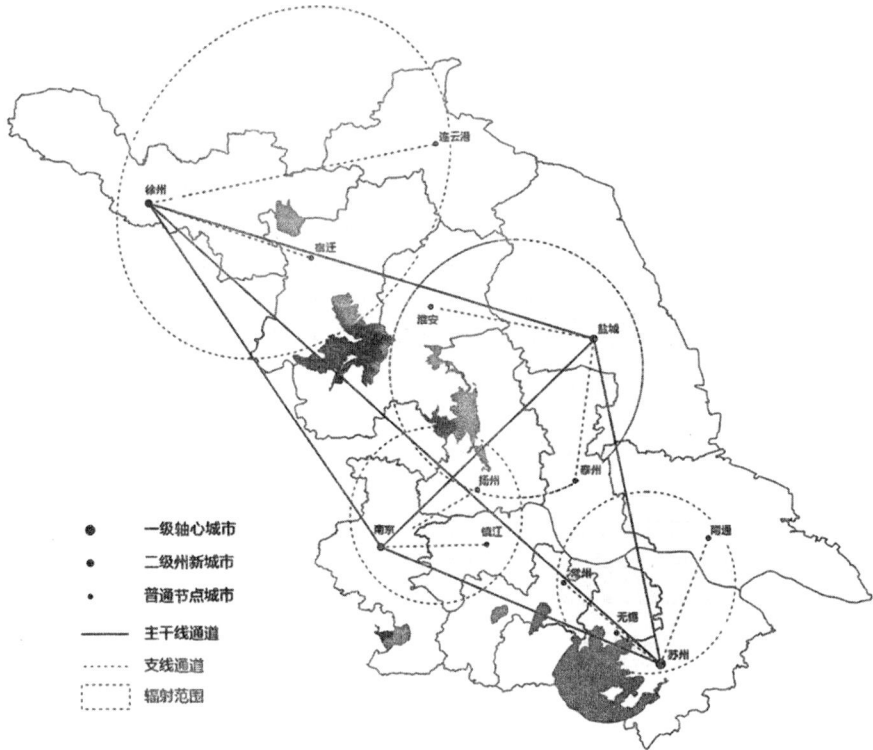

图 7-1　江苏省农产品物流网络构建示意

一、苏州农产品物流圈

苏州位居江苏省区域经济排行榜首位，2020 年拥有 11900 家规模以上工业企业，涉及 35 个工业大类，吸引了大量外来人员，为苏州农产品物流市场提供了强大的需求。其作为京沪线上的重要节点，交通基础设施完善，区位条件优越，物流集成化程度高，苏州作为江苏省农产品区域物流发展的一级轴心城市，毗邻大城市上海，并与南京、盐城、徐州 3 个轴心城市构成区域农产品物流干线通道网络，能够对江苏省各区域农产品物流联动协同发展起到引领作用。苏州、无锡、常州、南通借助公路、铁路、水路交通的优势，有助于增强苏北农产品在苏南的流通效率，极大地满足苏南地区区域经济快速发展对农产品的需求。

二、南京农产品物流圈

南京市地区生产总值位居全省第二，社会物流总额占全省的 12.1%，位居全省第一。作为江苏省的省会、长三角唯一的特大型城市，长江经济带、南京都市圈等重大战略的交汇地，南京也是我国重要的综合性交通枢纽。南京农产品物流圈地处苏中地区，随着宁镇扬一体化政策的不断推进和南京都市圈战略的实施，带动了该区域经济高质量发展，优化了基础设施及公共资源配置，有利于加大对苏北、苏南城市供求的承接力度，应继续完善交通基础设施，借助区位优势，扩大农产品的物流规模，逐步增强南京农产品物流圈跨省向安徽辐射，带动长三角周边城市区域协调发展。

三、盐城农产品物流圈

2020 年，盐城市农作物总播种面积占全省的 18.58%，农产品总产量占全省的 19.33%，其中粮食种植面积比 2019 年增加 70 万公顷，粮食产量和农作物总播种面积均列全省第一。2020 年，盐城拥有 3139 家规模以上工业企业，包括 1761 家农副食品企业，拥有的省级和国字号的农产品龙头企业数量居全省前列。作为江苏省农业大市、海岸中心城市之一，盐城与泰州、淮安形成江苏省东部农产品物流枢纽圈，农产品物产丰富，加之盐城港作为苏北地区实施沿海开发战略的重要依托，应充分利用圈内各城市地理优势和农业优势，建设陆路、水运、航空等多式联运协调发展的现代交通网络，并利用陆路、水运以及沿海优势，打造沿海区域性综合交通枢纽，加强大宗农产品的输入输出。

四、徐州农产品物流圈

2020 年，徐州市农产品生产总量位居全省第二，农业总产值居江苏省首位，农产品物流相关产业从业人数居省内第一。作为国家重要的商品粮基地、苏北地区农产品生产基地和供应腹地、淮海经济区中心城市，徐州与宿迁、连云港形成农产品物流圈，应充分利用该物流圈中各城市地理优势及发展条件，以淮海国际陆港为核心，推进周边港口、货运、联运中心联合发展，与连云港形成新货运模式发展，打造成拥有多式联运体系的淮海国际中转枢纽港，利用港口优势向其他城市输送区域特色农产品。

第四节 研究结论和策略建议

本章以提高江苏省农产品物流资源利用率和运转效率为目标，在分析江苏省农产品的主要产出地、需求地不一致，农产品物流发展水平的地域性与经济发展水平不一致的基础上，利用轴辐理论、主成分分析法、改进的引力模型和隶属度模型，构建江苏省农产品物流网络，希望能为区域经济、区域农产品物流发展布局和资源配置提供决策参考。

一、研究结论

区域农产品物流网络的构建，对农业产业发展、满足城乡人民生活需求、促进乡村振兴战略的实施具有重要意义。本书基于轴辐理论，采用主成分分析法，得出江苏省各城市农产品物流发展水平综合得分和排名，确定轴心城市、辐点城市；运用改进引力模型计算的各城市之间农产品物流引力，根据隶属度模型确定各轴心城市的辐射范围，构建了四个物流圈以及干线通道和支线通道，分析了各物流圈的产出、需求、作用和发展方向。

二、策略建议

根据以上构建的江苏省农产品区域物流网络研究，结合江苏省农产品区域物流发展评价指标体系的区域经济发展状况、农产品产出水平、区域物流发展水平等3个一级指标对应的11个二级指标，以及得出的苏州、徐州、南京、盐城4个区域农产品物流圈，提一些建议供有关部门参考。

（一）区域经济及物流发展水平方面

从区域经济及物流发展水平来看，苏南＞苏中＞苏北。因此：苏北城市要发挥港口优势，加快发展冷链运输，增加 RFID 等技术的投入，提高农产品原产地的物流信息化和标准化，大力发展农村电商产业，进一步提高苏北区域经济水平、物流业发展水平，增加农民收入；苏南城市要充分利用现有的资源优势、领先的物流建设实力，全面支持省域内特别是苏北实施科技振兴乡村的战略，加大高新物流技术研发、高水平建设农村农业领域重点实验室等举措来推动农产品物流现代化进程；苏中地区位于江苏省中部地带，衔接苏南、苏北，应充分利用区位优势，结合自身特点引进苏南的高新技术，加快现代物流设施建设，促进农产品在省内及周边城市的流通。

（二）农产品产出水平方面

从农产品产出水平来看，苏南＜苏中＜苏北。苏南区域寸土寸金且占地面积较小、农业种植面积小，满足不了地方对农产品的强大需求，但湖泊较多，因此苏南各城市应大力发展蓝色农业及信息农业，丰富农产品供应的品种和数量；苏中城市应进一步对苏南、苏北城市间资源分化不均等问题进行协调，通过对周边地区的辐射，推动设施农业、高标准农田等绿色农业的建设，大力发展特色农产品产业，补足对农产品多元化的需求；苏北城市要发挥农业人口多、种植面积大等特点，注重农业产业振兴和人才振兴，优化区域农业布局，强化土地流转能力，调整农产品品种结构，重点培育种植大户，实行合作社或企业化管理，利用好国家农业政策，吸引外来企业投资，如考虑引进农旅投资公司带动乡村发展，促进村企合作，实现现代粮食生产产业化、规模化，进而凝聚本土人才、吸引外来人才的加入，促进农产品产业现代化转型升级，进一步提高农民收益，促进农产品外向型发展。

第八章 对策建议

本书第四章至第七章对江苏省区域经济与区域物流的协同发展、辖区内各城市间的区域经济与区域物流的耦合协调度、未来五年区域物流的需求量，以及江苏省农产品区域物流网络规划进行了研究，针对未来发展趋势的研究，发现当前的现状在满足未来发展趋势上需要改进的地方，就此提出相应的对策建议。

第一节 提升区域内物流标准和管理协同水平

促进区域物流一体化，持续提升区域内物流标准和管理协同水平。优化整合长三角物流设施布局，加强功能衔接互补，减少和避免重复建设，提高长三角地区物流资源集中度和物流总体运行效率。提升物流标准化水平，加快标准托盘、标准物流周转箱（筐）等物流载具推广应用，支持叉车、货架、月台、运输车辆等上下游物流设备设施标准化改造。

发展商贸物流新业态新模式，鼓励批发、零售、电商、餐饮、进出口等商贸服务企业与物流企业深化合作，优化业务流程和渠道管理，促进自营物流与第三方物流协调发展。提升供应链物流管理水平，鼓励商贸企业、物流企业通过签订中长期合同、股权投资等方式建立长期合作关系，将物流服务深度嵌入供应链体系，提升市场需求响应能力和供应链协同效率，引导传统商贸企业、物流企业拓展供应链一体化服务功能，向供应链服务企业转型，鼓励金融机构与商贸企业、物流企业加强信息共享，规范发展供应链存货、仓单、订单融资。完善重点企业联系制度，建立商贸物流重点联系企业名单，加强与重点企业日常工作联系，实施动态管理。

第二节　加大中心城市对欠发达城市的产业帮扶

　　鉴于中心城市在资源配置、人才吸引、产业集聚等方面对周边的中小城市形成虹吸效应，导致地区发展极不平衡，各城市的区域经济与区域物流的耦合协调度存在差异，且属于"高—低""低—高"聚集类型的城市较多，中心城市要因地制宜地优化产业结构，形成高端产业集群；应大力融入长三角一体化战略，积极推进苏州、南京等中心城市与欠发达地区的战略互动，提升其辐射和带动作用，发挥"鲶鱼效应"，弱化经济与物流耦合协调发展的"马太效应"，将中心城市的非核心功能向发展滞后地区疏解，实现带动生产要素向耦合协调水平较低的城市转移，助力欠发达地区夯实产业基础，发展先进制造业和现代服务业；苏北的宿迁、连云港、淮安等城市物流业与区域经济耦合协调水平较低、且属于"低—低"聚集类型的城市，应借势发展，积极承接中心城市的产业转移，继续加大投入，完善物流业基础设施建设，加强与经济和物流耦合协调度高的地区进行跨地区经济与物流的交流合作，利用好土地和劳动力等资源优势，营造良好的营商环境，积极探索与中心城市合作共建国家物流枢纽等新的合作模式，缩小区域发展差距。

第三节　做好物流供给的条件准备

　　自 2012 年以来的十年来，江苏省居民人均可支配收入翻了一番，达到 4.75 万元，位居全国前列，居民人均生活消费支出年均增长 7.4%。十年来，江苏省居民收入来源更加多元，收入渠道不断拓宽，收入结构逐步优化；江苏省居民消费结构优化，人民生活质量持续提升，进出口总额就是个很好的反映。随着生活水平的提高，城乡居民对于保障和改善民生的要求也越来越高，这些都催生了强大的物流需求；区域物流与区域经济耦合协调研究的有序度分析表明，各城市的物流业与经济存在强相关或显著相关的关系，发展区域经济可以释放更多的物流需求，推动物流产业发展，应努力实现区域经济与物流供需平衡，在经济高速发展的过程中，不能忽视物流产业的发展水平和速度，应发挥区域优势与特色，整合物流资源，大力推进多式联运等新型物流模式的应用，保障区域物流发展能够满足经济发展的需要。另外，物流产业结构调整要紧紧与经济发展政策及发展水平相契合，需要在物流供给上做好准备，根据经济发展方向培养新的物流增长极，在已有物流企业的基础上加强交通基础设施建设、信息设施建设，发展大型物流园区，构造水路物流港、航空物流港、公路物流港、城市配送中心和电商物流中心等立体化物流网络和完整物流产业链，以改善企业物流业务的效率和提高服务水平；创新和发展物流信息技术，打造物流业主体、发展大型物流企业，组建竞争力强的大规模第三方物流企业，作为领导中小企业发展的方向标，进一步提高资源使用率和物流的集聚效应，发挥物流对经济发展的加速和助推作用。

第四节　加强物流资源投入

区域经济与区域物流耦合协调性研究中，从区域物流发展指标权重分析可知，货运周转量、交通运输财政支出、物流业从业人员数量、邮政业务总量等指标对区域物流竞争力影响较大，应立足当地经济发展水平和需求实施物流资源的投入，完善物流基础设施建设，基于统筹规划，建设整个省域内从点到线再到面进而形成协同发展的物流网络，加大对城市和城市间高速公路及高铁等支线通道的建设力度，努力优化城市间的交通便利性，优化各种运输方式的衔接、对接，为开展多式联运打通壁垒，使基础设施现代化、便捷化；进一步完善都市圈内的物流通道，扩展都市圈的物流网络，推进物流产业的信息化、标准化建设，运用大数据、无线网络、RFID、传感器、机器人等技术提升仓内和配送的效率和质量，开展货物的跟踪与定位、机器人视觉识别、物联网传感器、大数据优化算法等的研究，为实现车货匹配、运力优化、运输协同等功能提供技术支撑，提升城市间的物流效率，促进城市与城市、城市与乡镇，以及乡镇之间的信息交流，提高物流资源的利用效率，将物流资源最大化转化为物流的有效供给，形成省域内各类城市的物流产业与经济协调发展、相互促进的新格局。

农产品区域物流网络发展方面：从区域经济及物流发展水平来看，苏南＞苏中＞苏北。因此，苏北城市要发挥港口优势，加快发展冷链运输，增加 RFID 等技术的投入，提高农产品原产地的物流信息化和标准化，大力发展农村电商产业，进一步提高苏北区域经济、物流业发展水平，增加农民收入；苏南城市要充分利用现有的资源优势、领先的物流建设实力，全面支持省域内特别是苏北实施科技振兴乡村的战略，通过加大高新物流技术研发、高水平建设农村农业领域重点实验室等举措来推动农产品物流现代化进程；苏中地区位于江苏省中部地带，衔接苏南、苏北，应充分利用区位优势，结合自身特点引进苏南的高新技术，加快现代物流设施建设，促进农产品在省内及周边城市的流通能力。

第五节　重视区域农产品物流的发展

全面实施乡村振兴战略，扎实推进新型城镇化建设，有力促进了农民收入的较快增长，城乡居民收入差距不断缩小。江苏既是经济大省，也是农业大省，研究江苏省农产品物流网络构建，有利于合理分配农产品物流资源，优化农业结构，降低区域农产品流通成本，发展优质、特色农业；有助于提高农产品物流资源的利用效率，加快农业产业发展，对进一步巩固脱贫攻坚成果、实施乡村振兴战略具有重要意义。

从农产品产出水平来看，苏南＜苏中＜苏北。苏南区域寸土寸金且占地面积较小、农业种植面积小，满足不了地方对农产品的强大需求，但湖泊较多，因此苏南各城市应大力发展蓝色农业及信息农业，丰富农产品供应的品种和数量；苏中城市应进一步对苏南、苏北城市间资源分化不均等问题进行协调，通过对周边地区的辐射，推动设施农业、高标准农田等绿色农业的建设，大力发展特色农产品产业，补足对农产品多元化的需求；苏北城市要发挥农业人口多、种植面积大等特点，注重农业产业振兴和人才振兴，优化区域农业布局，强化土地流转能力，调整农产品品种结构，重点培育种植大户，实行合作社或企业化管理，利用好国家农业政策，吸引外来企业投资，如考虑引进农旅投资公司带动乡村发展，促进村企合作，实现现代粮食生产产业化、规模化，进而凝聚本土人才、吸引外来人才的加入，促进农产品产业现代化转型升级，进一步提高农民收益，促进农产品外向型发展。

未来五年是贯彻落实党的二十大精神和第二个百年奋斗目标的关键时期，《江苏省国民经济和社会发展第十四个五年规划和二〇三五年远景目标纲要》《"十四五"现代物流业发展规划》已经实施。物流业联结生产、流通和消费，高度集成和深度融合运输、仓储、配送、信息、金融等服务功能，是延伸产业链、打造供应链、提升价值链、发展现代产业体系的重要支撑，在统筹推进现代流通体系建设、促进形成强大国内市场、提升国民经济循环效能中发挥着基础性、战略性、先导性作用。"十四五"是江苏深入践行"争当表率、争做示范、走在前列"新使命新要求的重要时期，是奋力谱写"强富美高"新篇章的关键阶段。面对新发展阶段复杂的国内外形势，江苏省应切实转变发展方式，加快推进物流业结构调整和动能转换，实现现代物流业高质量发展。

第九章 结　语

本书基于区域物流与区域经济的重要性及国内外现有研究关于区域物流与区域经济关系的局限性，结合研究二者关系的相关理论基础和模型方法，进行江苏省区域物流与区域经济的灰色关联度分析、耦合协调性研究、物流需求预测研究和农产品区域物流网络规划研究，对计算结果进行分析并提出相关的政策建议。现对本书的研究内容进行总结，对研究特色进行评价，指出研究的不足之处。

第一节　研究内容总结

本书关于江苏省区域物流与区域经济的协同发展共九章具体研究内容，其中第四～七章为本书主要研究内容。

（1）区域物流与区域经济相关概念和研究综述。主要阐述本书的研究背景和意义、提出研究的方法和思路，以及本书主要研究内容。对区域经济、区域物流等概念进行阐释，同时对区域物流与区域经济关系现状、物流业与区域经济耦合协调发展、区域物流需求预测、区域物流网络构建研究的已有研究文献进行梳理。

（2）对区域物流与区域经济相互作用的相关理论基础进行凝练，主要有现代物流理论、区域经济增长理论、协同发展理论、可持续发展理论，并对这些理论在本书中的应用进行简单阐释。同时确定本书研究的模型和方法，选择的研究方法和模型主要有主成分分析法、熵值赋权法、灰色关联模型、耦合协调度模型、空间自相关分析模型、主成分回归模型、引力模型、隶属度模型。

（3）区域经济影响下江苏省区域物流发展研究。借鉴国内外相关文献，选取区域物流与区域经济协同发展指标，构建熵值赋权—灰色关联度组合分析的协同度模型；测算江苏省区域物流与区域经济的协同度，并找出区域物流与区域经济协同发展过程中存在的问题。在二者耦合协调性研究上，从"运输规模""物流资源"构建物流业指标评价体系和"经济规模""经济潜力"构建区域经济指标评价体系；进行物流业与区域经济指标的耦合协调度测算，运用全局空间自相关分析和局部空间自相关分析对耦合协调度集聚态势进行评价和分析。在分析影响区域物流的区域经济几方面的基础上，构建物流需求预测的区域经济指标体系；基于选取的区域经济指标数据，运用主成分回归预测模型预测江苏省物流需求的预测值。在物流需求预测的基础上，运用轴辐理论和改进引力模型，以农产品为例，构建江苏省农产品区域物流网络。

（4）提供江苏省区域经济与区域物流相关资源配置利用效率的建议和策略。在已有章节实证基础上对江苏省区域经济影响下区域物流发展提出一些建议和对策供有关部门参考。

第二节　研究特色分析

本书对江苏省区域物流与区域经济的关系进行了研究，主要研究特色有以下三个方面。

（1）在研究对象的选择上，本书选择了江苏省区域物流与区域经济协同度、耦合协调性、物流需求预测，以及以农产品为例的江苏省农产品区域物流网络规划为研究对象，对所有研究对象的全面考量可确保研究结果更加科学和客观。

（2）在区域物流与区域经济各研究对象指标的构建方面，考虑到江苏省不同研究对象的区域物流与区域经济之间相互影响的差异、区域内不同城市发展的差异，以及产业间存在的差异，对不同研究对象的指标进行了有差别性的构建，而不是建立一个统一的指标体系。

（3）在区域经济影响区域物流发展的实证方法方面，本书基于现代物流理论、区域经济增长理论、协同发展理论、可持续发展理论，运用的主成分分析法、熵值赋权法不仅与灰色关联模型、耦合协调度模型、主成分回归模型、引力模型进行了有效的结合，而且，灰色关联模型、耦合协调度模型、空间自相关分析模型、主成分回归模型、引力模型、隶属度模型等这些模型之间也形成了前后自然衔接的有效、统一的系统，使得对江苏省区域经济影响区域物流发展的研究更加全面、科学，为正确认识区域经济影响下区域物流的发展提供了方法上的保证。

第三节　研究不足之处

尽管本书对江苏省区域经济影响下区域物流的发展倾全力进行了评价和分析，但由于学术水平和研究能力有限，以及一些客观原因，因此本书还存在以下研究不足：

一是评价指标选择的非最优性。虽然本书在梳理已有相关研究的基础上对不同研究对象确定了不同的指标体系，但是各研究对象使用不同的指标体系可能会产生研究结果的偏差，缺乏有效方法对评价结果进行对比以最终选择一种最科学、最稳定的评价指标，因此现有区域经济影响下区域物流发展指标的科学性还需要进一步改善。

二是区域经济与区域物流指标数据获取的不全面和滞后性。数据是研究者进行科学研究的重要基础，缺乏有效的数据，所有分析将成为无源之水、无本之木。一方面，评价指标选择的非最优性使得获取的数据所代表的全面性、稳定性可能存在偏差；另一方面，考虑到数据的可获取性，本

区域经济影响下江苏省区域物流发展研究

书各研究对象指标体系中指标的数据均来自《江苏统计年鉴》，最新的《江苏统计年鉴：2021》中的数据反映的是 2020 年的情况，使得本书研究数据有些滞后，无法得到最新研究结论，据此而提出的对策建议，其时效性不免打些折扣。

三是研究方法、研究模型内在的关联性存在局限。虽然在研究方法与研究模型之间进行了有效的关联，但是研究方法之间，特别是研究模型之间，虽然从思维逻辑上存在前后的关联，但是灰色关联模型、耦合协调度模型、主成分回归模型、改进引力模型之间的自变量间关联度不够紧密，前一模型的因变量与后一模型的自变量之间尚未有效关联，使得逻辑推理不够严密。

本书的研究内容在多方支持下终于可以完整呈现，其不足之处可能远不止这些，对区域物流与区域经济各研究对象指标的构建，对不同研究对象确定不同的指标体系，研究方法、研究模型内在的关联性等方面都存在不足，区域经济影响下区域物流发展的探索仍然在路上，任重而道远，愿本人的努力能为区域经济影响下江苏省区域物流发展的研究抛砖引玉，期待更多学者的研究成果。

参考文献

[1] 沈秦伟，韩增林，郭建科. 港口物流与城市经济增长的关系研究：以大连为例 [J]. 地理与地理信息科学，2013，29（1）：69–73.

[2] ADEPETU A, KESHAV S. The relative importance of price and driving range on electric vehicle adoption: Los Angeles case study[J]. Transportation, 2017, 44(2): 1–21.

[3] 党耀国. 灰色预测与决策模型研究 [M]. 北京：科学出版社，2009.

[4] 刘思峰，谢乃明，FORREST J. 基于相似性和接近性视角的新型灰色关联分析模型 [J]. 系统工程理论与实践，2010（5）：881–887.

[5] 李硕，李成义，李敏，等. 基于灰色关联分析方法评价商品甘草药材质量 [J]. 中国实验方剂学杂志，2015，21（1）：89–94.

[6] 谭才钢，刘宝锁，张东玲，等. 合浦珠母贝主要形态性状与体质量的灰色关联分析 [J]. 南方水产科学，2015，11（2）：35–40.

[7] 唐柄哲，何丙辉，闫建梅. 川中丘陵区土地利用方式对土壤理化性质影响的灰色关联分析 [J]. 应用生态学报，2016（5）：1445–1452.

[8] 刘鹏，李洪儒，王卫国，等. 基于补偿距离评估技术与灰色关联分析的滚动轴承故障程度识别 [J]. 机械传动，2015（10）：97–100.

[9] 陈兆波，雷煜斌，曾建潮. 煤矿安全事故人因的灰色关联分析 [J]. 煤炭工程，2015，47（4）：145–148.

[10] 孟斌，王劲峰，张文忠，等. 基于空间分析的中国区域差异研究 [J]. 地理科学，2005（4）：394–400.

[11] 李慧，王云鹏，李岩，等. 珠江三角洲土地利用变化空间自相关分析 [J]. 生态环境学报，2011（12）：1879–1885.

[12] 张宏乔. 基于信息流的中原城市群城市网络空间特征及演化分析 [J]. 地域研究与开发，2019，38（1）：60-64.

[13] 张红凤，王鹤鸣，何旭. 基于改进引力模型的山东省城市空间联系与格局划分 [J]. 山东财经大学学报，2019，31（3）：110-120.

[14] 克鲁格曼. 空间经济学：城市、区域与国际贸易 [M]. 北京：中国人民大学出版社，2005.

[15] 高洪深. 区域经济学 [M]. 3 版. 北京：中国人民大学出版社，2010.

[16] 丁喜生. 区域经济学通论 [M]. 北京：中国经济出版社，2018.

[17] 潘晓婷. 京津冀区域物流一体化程度评价研究 [D]. 北京：首都经济贸易大学，2018.

[18] 刘妤. 物流绩效对区域经济发展的贡献度评价研究：以西藏为例 [J]. 价格月刊，2018（8）：75-79.

[19] ROBESON J F. The logistics handbook[M]. New York: Frees Press, 1994: 56.

[20] 张定，曹卫东，朱胜清，等. 安徽省物流与经济时空耦合研究 [J]. 地域研究与开发，2014，33（3）：27-32.

[21] 李孟雨. 区域物流与区域经济协同发展评价研究 [D]. 合肥：合肥工业大学，2016.

[22] OKSANA S S, AGNIESZKA O. Green logistics and circular economy[J]. Transportation Research Procedia, 2019(39): 471–479.

[23] KIM S Y, PARK H, KOO H M, et al. The effects of the port logistics industry on port city's economy[J]. Journal of Korean navigation and port research, 2015, 39(3): 267–275.

[24] NGUYEN C D T, LUONG. B. T, HOANG. H. L. T., The impact of logistics and infrastructure on economic growth: empirical evidence from vietnam[J]. Journal of Asian finance, economics and business, 2021, 8(6): 21–28.

[25] KHAN S, JIAN C, ZHANG Y, et al. Environmental, social and economic growth indicators spur logistics performance: from the perspective of South Asian Association for Regional Cooperation countries[J]. Journal of cleaner production,

2019, 214(20): 1011–1023.

[26] POPKOVA E G, SERGI B S A. Digital economy to develop policy related to transport and logistics. predictive lessons from Russia[J]. Land use policy, 2020, 99(6): 1–4.

[27] GRAHAM D J, BRAGEARDAO R, MELO P C. Quantifying the economic development impacts of major transport infrastructure projects: a case study of high–speed rail in Spain[J]. Annals of tropical medicine & parasitology, 2014, 50(4): 375–380.

[28] CHERENKOV V I, SKRIPNUK D F,TANICHEV A V,et al. A conceptual framework of logistics infrastructure for implementing the circular economy model in the Russian Arctic[J]. IOP Conference series: earth and environmental science, 2020, 539(1): 012077.

[29] HUANG Y F, YE W L, WANG Q Q. Analysis of the relationship between the development of logistics industry and the evolution of global economic regions[J]. Journal of industrial & production engineering, 2014, 31(8): 471–476.

[30] Ridwan Anas, Ofyar Z. Taimin, Sony S. Wibowo. Applying input–output model to estimate the broader economic benefits of Cipularang tollroad investment to bandung district[J]. Procedia engineering, 2015, 125: 489–497.

[31] 王栋，丁浩．山东省区域物流与区域经济耦合协调发展研究 [J]. 甘肃科学学报，2020，32（6）：145–149.

[32] 曹东．区域物流与区域经济协同发展研究 [J]. 企业家天地（理论版），2010（9）：15–16.

[33] 张诚，周敏．中部区域物流与区域经济协同发展研究 [J]. 物流工程与管理，2010（10）：76–78.

[34] 范林榜．物流发展与经济增长的关系：以苏北、苏中、苏南典型地区为例 [J]. 中国流通经济，2012（7）：32–37.

[35] 宋爱华．区域物流业与经济发展协调度评价 [J]. 统计与决策，2020，36（16）：126–129.

[36] 尹彦，孔庆鑫. 京津冀产业集群与物流系统协同度的实证研究 [J]. 统计与决策，**2020**，36（6）：109-112.

[37] 彭晓辉，于潇. 对外开放与内生发展：更高水平开放型经济与现代化经济体系协同联动研究 [J]. 河南社会科学，2020，28（10）：92-103.

[38] 李翔，张雯静. 基于物流增长极的区域一体化发展模式研究 [J]. 商业经济研究，2018（15）：84-87.

[39] 杨梦洁. 现代物流业与国民经济关系分析及发展对策 [J]. 价格月刊，2018（9）：56-59.

[40] LI C, BAI Y, XIANG X D, et al. To mine coordinated development degrees of high-tech equipment manufacturing industry and logistics industry via an improved grey hierarchy analysis model[J]. Journal of grey system, 2017, 29(1): 105-119.

[41] CHEN Y, SHU L L, LI H W. Research on coordinated development between metropolitan economy and logistics using big data and Haken model[J]. International journal of production research, 2019, 57(4): 1-14.

[42] MA W, CAO X, LI J. Impact of logistics development level on international trade in China: a provincial analysis[J]. Sustainability, 2021, 13(4): 2107.

[43] YANG C, LAN S L, TSENG M-L. Coordinated development path of metropolitan logistics and economy in Belt and Road using DEMATEL-Bayesian analysis[J]. International journal of logistics research and applications, 2019, 22(1): 1-24.

[44] JIANG P, HU Y C, YEN G F, et al. Using a novel grey DANP model to identify interactions between manufacturing and logistics industries in China[J]. Sustainability, 2018, 10(10): 3456.

[45] ANDRES A-T, JOSE M G-F, JOSE M, et al. Estimating the economic impact of a port through regional input-output tables: case study of the port of cartagena(Spain)[J]. Maritime economics & logistics, 2016, 18(4): 371-390.

[46] GAO T, EROKHIN V, ARSKIY A. Dynamic optimization of fuel and logistics costs as a tool in pursuing economic sustainability of a farm[J]. Sustainability,

2019, 11(19): 54–63.

[47] CHU Z F. Logistics and economic growth: a panel data approach[J]. The annals of regional science, 2011, 49(1): 87–102.

[48] WANG J, MA Z. Port logistics cluster effect and coordinated development of port economy based on grey relational analysis model[J]. Journal of coastal research, 2019, 94(1): 717–721.

[49] SUN Y F, GUO XR, CAI W C, et al. Research on interactive development model of logistics and commerce in comprehensive logistics park development based on system dynamic[J]. IPO conference series: earth and environmental science, 2018, 170(4): 11–20.

[50] 任向阳，姜欣欣，苗佩桢．邯郸市物流与经济协调发展评价及关键因素判别 [J]. 河北工程大学学报（社会科学版），2021，38（2）：21–27.

[51] 郭湖斌，齐源．长三角区域物流与区域经济协同发展水平及空间协同特征研究 [J]. 经济问题探索，2018，436（11）：81–89.

[52] 田新豹．资源经济转型发展中物流服务业协同发展评价研究：以山西省为例 [J]. 求索，2013（7）：51–53+258.

[53] 杨浩雄，段炜钰，马家骥．基于系统动力学的地区物流业与地区经济互动机理研究 [J]. 统计与决策，2019，35（3）：71–75.

[54] 梁雯，陈广强，柴亚丽，等．皖江城市带区域经济与区域物流耦合协调度研究 [J]. 华东经济管理，2018，32（4）：78–86.

[55] 李娜，刘岩，王西．吉林省物流与经济发展关系研究 [J]. 价格月刊，2017（4）：87–90.

[56] 高康，王茂春．区域经济与物流协调发展的系统动力学研究 [J]. 统计与决策，2019，35（8）：60–63.

[57] 周晓美．物流一体化与区域经济发展关系实证研究 [J]. 商业经济研究，2018（2）：77–80.

[58] 陈治国，陈俭，杜金华．我国物流业与国民经济的耦合协调发展：基于省际面板数据的实证分析 [J]. 中国流通经济，2020，34（1）：9–20.

[59] 岳云康，焦利芹，高平堂. 山西物流与经济灰色关联分析 [J]. 经济问题，2017（7）：121-124.

[60] SKJOTT-LARSEN T, PAULSSON U, WANDEL S. Logistics in the Oresund region after the bridge[J]. European journal of operational research, 2003, 144(2): 247-256.

[61] CAMUTHERS R, BAJPAI J N, HUMMELS D. Trade and logistics: an east Asian perspective[R]. The World Bank, Washington DC, 2004: 117-138.

[62] PETER J H, CATHERINE L R. Agglomeration economies "influence on logistics clusters" growth and competitiveness[J]. Regional studies, 2018, 52(3): 350-361.

[63] PABLO C, XOSE L F, MIGUEL P, et al. Impact of logistics on technical efficiency of world production(2007—2012)[J]. Networks & spatial economics, 2014, 16(4): 981-995.

[64] 赵晓敏，佟洁. 基于 VAR 模型的中国物流业与经济发展互动关系研究 [J]. 工业技术经济，2019，3：123-130.

[65] 张会云，马欢欢. "一带一路"沿线航空物流和经济发展关系研究：航空物流与经济的时空演变及其耦合发展分析 [J]. 价格理论与实践，2020（4）：172-175.

[66] 杨宏伟，郑洁. 丝绸之路经济带中道省区物流业与区域经济的耦合协调性研究 [J]. 工业技术经济，2017，7：56-62.

[67] 高康，王茂春. 泛珠三角区域经济与物流耦合协调演变与空间差异 [J]. 价格月刊，2018，9：49 — 55.

[68] 伍宁杰，官翠铃，邱映贵. 长江中游城市群物流产业与经济发展耦合协调性研究 [J]. 中南财经政法大学学报，2019，4：89-99.

[69] 杨蕙嘉，赵振宇. 基于修正引力模型的区域城市群关联强度时空演进特征 [J]. 统计与决策，2021，37（5）：70-73.

[70] 李宝库，李销. 长三角区域物流与区域经济互动关系研究：基于苏、浙、皖、沪的实证 [J]. 华东经济管理，2020，34（8）：26-32.

[71] 焦翔. 交通运输与区域经济耦合研究：基于京津冀和长三角的比较分析 [D].

北京：北京交通大学，2019.

[72] 王成，唐宁. 重庆市乡村三生空间功能耦合协调的时空特征与格局演化 [J]. 地理研究，2018，37（6）：1100–1114.

[73] 刘颖，杨丹. 基于熵值法的城市扩张社会—经济—生态效益耦合协调度研究：以成都市为例 [J]. 绵阳师范学院学报，2020，39（8）：103–108.

[74] 耿芳，董增川，管西柯. 基于耦合协调度模型的南京市用水效率与经济发展关系 [J]. 水利经济，2017，35（1）：21–25.

[75] 顾淑红，周燕蓉. 基于灰色关联分析的广西区域物流与经济发展的互动研究 [J]. 数学的实践与认识，2019，49（2）：35–42.

[76] 朱鑫彦，王红艳. 基于熵值法的陕西省农产品电商与物流耦合协调发展模式 [J]. 科技管理研究，2021（6）：25–29.

[77] 黄俐波，席元凯. 供给侧结构性改革背景下中部地区物流业与区域经济协调发展探讨：以江西为例 [J]. 商业经济研究，2019，3：143–145.

[78] 贾春光，程钧谟，谭晓宇，等. 山东省物流业与区域经济耦合协调及时空演化研究 [J]. 铁路运输与经济，2019，41（11）：14–19.

[79] 许静艳. 安徽省区域物流竞争力与区域经济发展关系研究 [J]. 安庆师范大学学报（自然科学版），2020，26（1）：67–72.

[80] 余泳泽，武鹏. 我国物流产业效率及其影响因素的实证研究：基于中国省际数据的随机前沿生产函数分析 [J]. 产业经济研究，2010，1：65–71.

[81] 徐茜，黄祖庆. 区域物流与区域经济发展互动关系研究：以浙江省为例 [J]. 统计与决策，2011，9：116–119.

[82] KISPERKA-MORON D. Logistics change during the transition period in the Polish economy[J]. International journal of production economics, 1994, 35: 23–28.

[83] 李忠民，于庆岩. 物流促进经济增长的空间异质性研究：以"新丝绸之路"经济带为例 [J]. 经济问题，2014，6：121–125.

[84] 梁红艳. 物流业发展对制造业效率影响机制研究 [J]. 东南学术，2015，1：88–97.

[85] 张林，董千里，申亮 . 节点城市物流产业与区域经济的协同发展研究：基于全国性物流节点城市面板数据 [J]. 华东经济管理，2015，29（2）：67-73.

[86] 宋琪，王宝海 . 基于 VAR 模型的物流业增加值与经济增长的实证分析 [J]. 统计与决策，2016，1：142-146.

[87] DONALD J. Bowersox.Supply chain logistics management[M].2nd ed. Beijing: China Machine Press，2007.

[88] CANG S, YU H N. A combination selection algorithm on forecasting[J]. European journal of operational research, 2014, 234: 127–139.

[89] NUZZOLO A, COMI A. Urban freight demand forecasting: a mixed quantity/delivery/vehicle–based mode[J]. Transportation research part e: Logistics and transportation review, 2014, 65: 84–98.

[90] FITE J T. Forecasting freight demand using economic indices[J]. International journal of physical distribution & logistics management, 2002, 32: 299–308.

[91] NUZZOLO A. City logistics planning: demand modelling requirements for direct effect forecasting[J]. Procedia–social and behavioral sciences, 2014, 125: 239–250.

[92] 邱慧，黄解宇，董亚兰 . 基于灰色系统模型的山西省物流需求预测分析 [J]. 数学的实践与认识，2016，46（13）：66-70.

[93] 鲁渤，汪寿阳，匡海波 . 基于引力模型的区域物流需求预测研究 [J]. 管理评论，2017，2：181-190.

[94] 胡小建，张美艳，卢林 . 物流需求预测模型构建 [J]. 统计与决策，2017，19：185-188.

[95] 凌立文，张大斌 . 组合预测模型构建方法及其应用研究综述 [J]. 统计与决策，2019，35：18-23.

[96] 吴培，李哲敏 . 中国猪肉价格预测研究：基于 ARIMA-GM-RBF 组合模型的分析 [J]. 价格理论与实践，2019，1：75-78.

[97] 王秀梅 . 基于权重分配组合法的农产品冷链物流需求趋势预测 [J]. 统计与

决策，2018，9：55-58.

[98] 何萍，张光明. 江苏省区域物流发展与区域经济的关系 [J]. 工业工程，2011，5：146-149.

[99] BOWEN J. A spatial analysis of FedEx and UPS: hubs, spokes, and network structure[J]. Journal of transport geography, 2012, 24(9): 419-431.

[100] CUNHA C B, SILVA M R. A genetic algorithm for the problem of configuring a hub-and-spoke network for a LTL trucking company in Brazil[J]. European journal of operational research, 2007, 179：747-758.

[101] SOLEIMANI K. Reverse logistics network design and planning utilizing conditional value at risk[J]. European journal of operation research, 2014, 237(2): 487-497.

[102] 杨艳，苏勤，王克近，等. 基于轴辐理论的奇瑞整车销售物流网络构建 [J]. 经济地理，2012，32（5）：77-83.

[103] 周园，曹威威，杨迅周，等. 基于改进引力模型的黄河下游沿岸城市空间联系特征分析 [J]. 地域研究与开发，2021，40（6）：63-68.

[104] 刘建华，李伟. 基于修正引力模型的中原城市群创新空间联系研究 [J]. 地域研究与开发，2019，38（5）：63-68+90.

[105] 彭英，余小莉. 基于改进引力模型的江苏省城市创新空间关联及其影响因素 [J]. 科技管理研究，2021（24）：81-86.

[106] 黎云莉，蒋玉欣，毛蒋兴. 修正引力模型与社会网络结合分析广西经济网络结构演变 [J]. 南宁师范大学学报（自然科学版），2021，38（4）：104-112.

[107] 陈晓雪，徐楠楠. 长江经济带绿色发展水平测度与时空演化研究：基于 11 省市 2007—2017 年数据 [J]. 河海大学学报（哲学社会科学版），2019，21（6）：100-108.

[108] 张婕，吴寿敏，张云. 长三角城市群绿色发展水平测度与分析 [J]. 河海大学学报（哲学社会科学版），2020，22（4）：53-60.

[109] 刘晓萌，胡叶星寒，刘妮雅. 京津冀城市群旅游经济联系分析：基于改

进引力模型 [J]. 中国流通经济，2020，34（2）：121-128.

[110] 温馨，殷艳娜，徐剑. 基于改进引力模型的区域物流辐射能力测度与评估 [J]. 统计与决策，2021（6）：90-94.

[111] 梁晨，刘小娟，龚艳侠，等. 京津冀多枢纽混合轴辐式物流网络的构建 [J]. 中国流通经济，2019，33（6）：118-126.

[112] 曹志强，杨筝，叶子瑜. "陆海新通道"下区域物流系统综合评价与轴辐网络构建研究：以广西为例 [J]. 系统科学学报，2022（7）：119-124.

[113] 刘明玉，张立中. 京津冀农产品物流网络构建：基于引力模型和轴辐网络分析 [J]. 中南林业科技大学学报（社会科学版），2020，14（5）：100-107.

[114] 伍景琼，贺海艳，苏娜，等. 云南省水果产业空间格局及其物流网络设计 [J]. 经济地理，2019，39（5）：135-142.

[115] 何美玲，蒲俊，安勇峰. 江苏省农产品冷链物流网络构建 [J]. 江苏大学学报（自然科学版），2021，42（6）：678-684.

[116] 毛文富. 我国物流产业与区域经济的协调发展评价研究 [D]. 北京：首都经济贸易大学，2017.

[117] MUNIM Z H, SCHRAMM H J. The impacts of port infrastructure and logistics performance on economic growth: the mediating role of seaborne-trade[J]. Journal of shipping & trade, 2018, 3(1): 1-6.

[118] Absalyamov T, Absalyamov S, Absalyamov A，et al. Sustainable tourism as a Factor in the Successful Development of the Regional Economy[M]. Berlin: Springer Proceedings in Business and Economics ,2019:389-395.

[119] TREQUATTRINI R, LOMBARDI R, LARDO A. The impact of entrepreneurial universities on regional growth: a local intellectual capital perspective[J]. Journal of the knowledge economy, 2018: 1-13.

[120] YUDHISTIRA M H, SOFIYANDI Y. Seaport status, port access, and regional economic development in Indonesia[J]. Maritime economics & logistics, 2017(1): 1-20.

[121] LAN S, CHEN Y, HUANG G Q. Data analysis for metropolitan economic and

logistics development[J]. Advanced engineering informatics, 2017, 32: 66–76.

[122] 田越，杨萌. 山西物流业发展与区域经济增长的互动关系研究 [J]. 铁道运输与经济，2019，41（1）：13–17.

[123] 李瑞君. 区域物流与区域经济的联动发展 [D]. 北京：北京交通大学，2014.

[124] 哈肯. 协同学：理论与应用 [M]. 北京：中国科学技术出版社，1990.

[125] SUN Q. Empirical research on coordination evaluation and sustainable development mechanism of regional logistics and new-type urbanization: a panel data analysis from 2000 to 2015 for Liaoning Province in China[J]. Environmental science & pollution research, 2017, 24(16): 14163–14175.

[126] 刘勇. 可持续发展理论 [M]. 北京：红旗出版社，2003.

[127] 杜栋. 现代综合评价方法与案例精选 [M]. 北京：清华大学出版社，2005.

[128] 唐叶云. 基于熵权法的物流企业诚信评价指标体系研究 [J]. 中国物流与采购，2020（21）：55–56.

[129] YILDIRIM B F, MERCANGOZ B A. Evaluating the logistics performance of OECD countries by using fuzzy AHP and ARAS-G[J]. Eurasian economic review, 2020, 10(1): 27–45.

[130] 马莉，黄远新，易伟，等. 城市物流绩效评价指标体系的构建 [J]. 物流工程与管理，2020，42（10）：29–31.

[131] 赵宏伟，张帅，荆学慧，等. 物流产业指标体系和评价模型的构建方法 [J]. 沈阳大学学报（自然科学版），2020，32（5）：387–396+445.

[132] 钱文俊，汪传雷，李逸龙，等. 安徽省物流企业高质量发展评价指标体系研究：基于模糊层次分析法 [J]. 现代商业，2020（20）：92–95.

[133] 张中强，宋学锋. 区域经济与区域物流协同发展状态与调控模型研究 [J]. 数学的实践与认识，2013，43（14）：224–230.

[134] 肖静，董庆雪. 基于灰色关联分析的区域物流发展的经济影响因素研究：以吉林省为例 [J]. 长春大学学报，2017，27（1）：15–19.

[135] 揭仕军. 区域物流与区域经济的联动发展关系及建议 [J]. 商业经济研究，2018（4）：87–89.

附录 A

江苏省"十四五"现代物流业发展规划

物流业联结生产、流通和消费,高度集成和深度融合运输、仓储、配送、信息、金融等服务功能,是延伸产业链、打造供应链、提升价值链,发展现代产业体系的重要支撑,在统筹推进现代流通体系建设、促进形成强大国内市场、提升国民经济循环效能中发挥着基础性、战略性、先导性作用。"十四五"是江苏深入践行"争当表率、争做示范、走在前列"新使命新要求的重要时期,是开启全面建设社会主义现代化新征程、奋力谱写"强富美高"新篇章的关键阶段,也是江苏物流强省建设的重要机遇期。面对新发展阶段复杂的国内外形势,为深入贯彻新发展理念,率先探索积极融入和主动服务全国构建新发展格局的江苏路径,应切实转变发展方式,加快推进物流业结构调整和动能转换,实现现代物流业高质量发展。根据《江苏省国民经济和社会发展第十四个五年规划和二〇三五年远景目标纲要》《"十四五"现代物流业发展规划》,编制本规划。

一、发展基础与面临形势

(一)发展基础。

"十三五"期间,我省以供给侧结构性改革为主线,全面推进物流降本增效,物流业高质量发展成效显著,物流业对国民经济的支撑保障作用显著增强。

物流规模效率全国领先。2020 年全省社会物流总额达 32.88 万亿元,占全国比重 11% 左右,"十三五"期间年均增速 7.4%;实现物流业增加值 6145.12 亿元,占全省 GDP 比重达 6%。2020 年全省公铁水空完成货运量 27.5 亿吨，"十三五"期间年均增速 6.7%；港口完成货物吞吐量 29.7 亿吨，居全国第一位。物流效率持续提升，2020 年全省社会物流总费用与 GDP 的比率降至 13.8%，较"十二五"末下降了 1 个百分点，低于全国 0.9 个百分点。

物流供需结构加快调整。内需驱动的民生物流提速发展。"十三五"期间单位与居民物品物流总额年均增速 51.7%，比社会物流总额增速高 44.3 个百分点。2020 年全省快递业务量达 69.8 亿件，"十三五"期间年均增速 25%。运输结构调整成效显现。2020 年，全省水路货运周转量占比达到 62%，居全国前列。江苏新亚欧大陆桥集装箱多式联运示范工程等 4 个项目成功创建国家级多式联运示范工程项目。南京、苏州、常州、无锡、海安等相继开通海铁联运班列，无接触配送、统仓共配等新业态新模式加速崛起，仓储结构持续加快优化，高标准仓储设施比例明显上升。

平台主体建设成效显著。枢纽建设取得新突破，成功创建南京港口型（生产服务型）国家物流枢纽、苏州（太仓）港口型国家物流枢纽、苏州国家骨干冷链物流基地，6 个城市入选国家物流枢纽承载城市。连云港海港、徐州淮海国际陆港、淮安空港互为支撑的现代物流"金三角"建设加快。持续推进示范物流园区创建工作，省级示范物流园区达 60 家，其中，6 家入选国家级示范物流园区。大型骨干物流企业服务供给能力不断增强，全省 4A 级及以上物流企业达 274 家，居全国第一位。在统筹推进疫情防控和复工复产中，物流主体在保障全国防控救援物资运输、生产生活物资流通等方面发挥了巨大作用。

智慧绿色态势加速形成。移动互联网、物联网、云计算、大数据等新一代信息技术在物流领域加快应用。智慧物流园区、智慧港口、数字仓库、大数据中心等一批物流新基建投入使用。传统物流业务向线上线下融合转变，物流全程数字化、在线化和可视化渐成趋势。平台经济创新发展，2020 年全省网络货运平台达 83 家，整合车辆 59.8 万辆，运输货物达 1.7 亿吨，交易额达 202 亿元，处于全国领先地位。绿色物流取得新进展，全省 5 个城市入选国家绿色货运配送示范工程，居全国第一位；托盘循环共用、挂车交换共享、仓库太阳能屋顶日益普及，快递企业探索使用可回收包装和可循环材料，电子面单普及率达 99% 以上。

国际服务能力不断增强。国际航运、航空能力逐步提升，全省开辟集装箱近远洋航线 72 条，国际及地区通航城市达 52 个。"十三五"以来，"江苏号"中欧班列开通 25 条线路，累计开行 5254 列。"连新亚""苏满欧""宁新亚"成为具有较大影响力的国际班列品牌线路。国际物流服务功能不断完善，拥有 10 个国家级跨境电商综合试验区、20 个综合保税区，数量均居全国前列。南京中国邮政国际货邮综合核心口岸、中哈（连云港）物流合作基地等标志性工程取得积极进展，东西双向开放大通道正递进形成。

行业营商环境持续改善。物流政策环境持续优化，全面推进国家赋予的降本增效综合改革试点任务，推动以智慧物流发展促进物流降本增效。围绕物流高质量发展、降本增效、冷链物流、物流园区创新等出台了一系列政策文件。国家和省各项降本增效改革措施加速落地，物流企业获得感显著提升，减税降费取得实效，"十三五"期间全省累计优惠公路水路通行费达 147 亿元，形成了可复制、可推广的"江苏经验"和"江苏模式"。

"十三五"期间，全省统筹推进物流业稳增长、调结构、惠民生和降本增效，物流业发展基础日益巩固。但同时，我省物流业与构建新发展格局和满足人民日益增长的美好生活需要的要求相比仍存在一定差距。主要体现在以下几个方面：一是物流降本增效仍需继续深化。物流全链条效率低、成本高、综合效益不显著问题突出，设施联通不畅、多式联运占比偏低、标准化水平不高亟待解决；物流数字化、智能化转型力度还需增强，公共信息资源共享还需推进；以智慧物流为主抓手的降本增效综合改革仍需加大力度。二是服务能级提升还有很大空间。物流枢纽多而不强，集聚辐射效应发挥不充分；高端供给存在结构性短板，现代供应链服务能力和嵌入产业链深度广度不足，本土"链主型"企业较为缺乏；应急物流保障、民生物流品质和绿色物流发展水平仍有较大提升空间。三是创新生态机制亟待充分激活。物流主体创新动力不够强，资金、技术、人才瓶颈依然存在，对新技术新业态国际标准、行业标准制定的参与度不够；在技术应用、产学研协同、智慧化改造等方面仍存在诸多问题，中小物流企业信息化基础薄弱；与产业发展需求相匹配的高技能、高层次物流人才仍有较大缺口。

区域经济影响下江苏省区域物流发展研究

四是治理能力现代化有待全面增强。物流行业治理方式仍较为传统，与物流新业态发展相适应的规则标准、法律法规和政策措施相对滞后；治理合力不足，行业信用体系、统计评价体系和信息共享机制有待进一步健全；行业组织深度参与行业治理的力度不够，完善政府决策、引导行业自律和规范发展的作用发挥不显著。

（二）面临形势。

当今世界正经历百年未有之大变局。全球产业链供应链加速重构，国内外经济格局发生深刻复杂变化，不确定性和风险挑战进一步增多，统筹稳与进、质与量、内与外的各项任务依然艰巨。当前和今后一个时期，全省发展仍然处于重要战略机遇期，江苏物流业发展面临的机遇和挑战都有新的变化。

1. "争当表率、争做示范、走在前列"为江苏物流高质量发展赋予新使命。习近平总书记赋予江苏"争当表率、争做示范、走在前列"的新使命新要求，为我省物流业发展进一步指明了前进方向，注入了强大动力。江苏作为物流大省，基础设施完备、平台经济发达、智慧物流水平高、人才资源富集，逐步形成了以枢纽经济为牵引、多业融合发展的物流产业集群，具有开放和创新先发先行优势。"十四五"时期，江苏物流业发展迈入枢纽能级加速提升期、物流体系关键成形期、物流主体国际竞争力培育期，要紧扣"强富美高"的总目标总定位，在打造"具有全球影响力的产业科技创新中心、具有国际竞争力的先进制造业基地、具有世界聚合力的双向开放枢纽"中发挥现代物流重要支撑和引领作用。聚焦高质量发展、高品质服务、高效能治理，着力激发新动能、开辟新空间、塑造新优势，在降本增效、改革创新、产业融合、区域协同等方面形成引领示范，为江苏高质量发展贡献物流力量和物流智慧。

2. 新发展格局为江苏现代物流体系建设明确新方位。构建新发展格局是应对新发展阶段机遇和挑战、贯彻新发展理念的战略选择。新发展格局下，扩大内需特别是消费需求成为基本立足点，国内超大规模市场的供需高效对接，产品面向国内国际市场进行辐射，均需要物流进行有机串接和高效协同，将推动物流辐射范围、流量流向、网络布局、服务组织的变革重构。物流流向由外循环单环流动为主转向内循环—外循环双向流动，物流服务网络更多面向服务强大国内市场进行布局，对物流通道和枢纽布局提出新的要求。货物规模扩张增速放缓，物流需求结构向个性化、品质化、精益化转变，对物流服务供给结构和质量提出更高要求。江苏作为国内众多产业循环发起点联结点和融入国际循环的重要通道有力支点，要顺应国家产业布局、内需消费和物流空间融合重构发展态势，优化物流空间布局和服务组织方式，加快构建内外联通、高效运作的"通道＋枢纽＋网络"现代物流运行体系，扩大高质量物流服务供给，增强需求适配性，推动物流体系向以服务国内大循环为主体、国内国际双循环相互促进的海陆统筹方向转变。

3. 多重国家战略叠加实施为江苏物流业开放协同发展创造新机遇。"一带一路"建设、长江经济带发展、长三角区域一体化等多重战略叠加交汇，为江苏参与全球合作竞争、加强区域协作和创新协同发展拓展了新空间，经济集聚度、区域联通性、政策协同效率进一步提升，将推动物流形成跨区域联通、一体化协作的发展格局。内陆枢纽规模化布局、沿海沿江港口竞争，对江苏物流枢纽地位、跨区域物流服务能力等带来挑战。江苏作为"一带一路"交汇点、长江经济带重要枢纽和长三角区域一体化核心区域，要充分发挥物流比较优势，消除跨区域物流堵点和断点，打破区域内部和跨区域物流服务的体制机制障碍，加快推进物流跨区域设施联通、资源共享、协同运作、区域共治。推进高能级物流枢纽网络建设，加快物流要素资源合理配置和规模集聚，提升跨区域物流服务能力。拓展国际物流通道服务网络，提升现代物流企业国际竞争力，推动物流企业、标准、技术、品牌走出去，培育国际合作和竞争新优势，为构建陆海内外联动、东西双向互济的开放格局提供支撑。

4. 新一轮科技革命加速推进为江苏物流业创新发展提供新动能。以互联网、物联网、大数据、云计算、人工智能等现代信息技术为代表的新一轮科技革命正在重构全球创新版图、重塑全球经济结构。新一代信息技术在物流业广泛应用，智能物流装备和技术加速迭代，推动物流资源要素的数字化改造、在线化汇聚和平台化共享，物流人员、装备设施以及货物将全面接入互联网，呈现指数级增长趋势，形成全覆盖、广连接的物流互联网，将实现物流作业流程、技术应用、组织运作、经营管理、业态模式的全面创新。江苏作为数字经济和科技创新发展高地，要抓住数字经济发展机遇，加快物流业数字化、智能化赋能，全面推进物流技术、业态、模式和管理创新。加快物流创新主体培育，推进物流关键核心技术突破，强化智慧物流平台建设，全方位提升管理效能和现代化治理水平，打造科技含量高、创新能力强的智慧物流产业体系，形成万物互联的数字物流新生态。

5. 现代产业体系迈向价值链中高端对江苏物流供应链优势重塑提出新要求。江苏拥有较为完整的产业体系和全国规模最大的制造业集群，在全球产业链、供应链、价值链中的位势和能级不断提升。物流是提升产业运行效率和价值创造能力的保障环节。现代产业体系迈向价值链中高端，将推动生产物流和城乡消费物流服务体系重构，推动供应链管理、精益物流以及快递快运、即时物流、冷链物流等细分领域快速发展。要充分发挥物流在塑造供应链竞争优势上的关键作用，深化与实体经济链条的高效协同，按照现代产业体系建设要求，加快构建创新引领、要素协同、安全高效、竞争力强的现代供应链，提升供应链服务水平和价值创造能力。妥善应对错综复杂国际环境带来的新矛盾新挑战，加强供应链安全国际合作，增强产业链供应链安全韧性。进一步增强物流业在制造、商贸、农业等产业体系重构中的战略引领能力，实现江苏产业基础高级化、产业链现代化、价值链高端化。

二、总体要求

（一）指导思想。

以习近平新时代中国特色社会主义思想为指导，全面贯彻党的十九大和十九届二中、三中、四中、五中全会精神，认真落实习近平总书记对江苏工作的重要指示要求，深入践行"争当表率、争做示范、走在前列"新使命，立足新发展阶段，贯彻新发展理念，构建新发展格局，坚持稳中求进工作总基调，以推动高质量发展为主题，以深化供给侧结构性改革为主线，以改革创新为根本动力，以满足人民日益增长的美好生活需要为根本目的，统筹发展和安全，聚焦物流业"降本、增效、提质"，着力提升枢纽网络服务能级，着力提升物流主体国际竞争力，着力提升物流数智化、绿色化、国际化水平，着力提升现代化治理能力，全面构建现代物流体系，为"强富美高"新江苏建设、更好服务全国构建新发展格局提供有力支撑。

（二）基本原则。

市场主导，政府引导。发挥市场在资源配置中的决定性作用，激发市场主体活力，提高物流要素配置效率。更好发挥政府作用，加强规划引导，完善政策法规体系，优化营商环境，推进建立区域协调发展机制，全面提升现代化治理能力。

统筹兼顾，区域协同。统筹国内国际两个大局，深入推进国家重大战略实施，建立跨区域物流协同机制，提升跨区域物流合作层次和水平。统筹城乡发展，坚持以人民为中心，加快城乡物流一体化建设，大力发展农村物流，稳步提升物流均等化水平，强化社会民生物流保障。

重点突破，系统推进。坚持补短板与锻长板相结合，推进物流新型基础设施建设，在航空物流、高铁物流、冷链物流、农村物流等重点领域取得突破性发展。坚持系统性思维，全局性谋划降本增效综合改革、物流设施建设、服务体系构建、业态模式创新等，全面推进现代物流高质量发展。

开放共享，融合创新。提高对外开放水平，充分利用国内国际两个市场两种资源，构筑互利共赢的物流与供应链合作体系。推进物流数据资源共享共用，提升社会数据资源价值。深化物流与先进制造、现代商贸、现代农业的深度融合，加强供应链创新应用，提升产业链供应链现代化水平。

智慧绿色，安全可控。以科技赋能促进物流业创新发展，加快物流数字化转型和智慧化改造。坚持绿色低碳，深入推进现代物流节能减排，完善逆向物流体系，实现物流全链条绿色化发展。坚持自主可控、安全高效，完善应急物流体系，强化粮食、能源等战略物资保障能力，增强供应链安全韧性。

（三）发展目标。

到 2025 年，基本形成枢纽引领、内联外通、集约高效、智慧共享、

区域经济影响下江苏省区域物流发展研究

绿色安全的现代物流体系，努力把江苏打造成为全国物流高质量发展示范区、物流数字化建设先行区、物流降本增效综合改革试验区。

现代物流枢纽网络建设取得新突破。形成以国家物流枢纽为骨干、以省级物流枢纽和省级示范物流园区为支撑的物流枢纽体系，新增 5 家国家物流枢纽、5 家国家骨干冷链物流基地、40 家省级示范物流园区，建设 28 家省级物流枢纽。物流网络通达能力显著增强，便捷化程度居全国前列，货物经由江苏口岸到达主要发达国家和"一带一路"沿线主要国家的国际物流通达性进一步增强。城市、农村配送网络不断完善，建成城市快递服务中心（公共服务站）15000 个，建制村主要品牌快递通达率 100%。

物流服务质量效率实现新跃升。系统性物流降本增效取得新突破，社会物流总费用与 GDP 的比率降至 11.8% 左右。货物运输结构明显优化，大宗货物实施"公转铁""公转水"成效明显，铁路货运量占比较 2020 年末提升 3 个百分点，集装箱多式联运货运量年均增长 10%。多式联运、高铁物流、航空物流、冷链物流等重点领域的服务品质明显提升。物流主体服务能力明显增强，培育壮大一批具有国际竞争力的现代物流领军企业。

智慧绿色发展增添新动力。5G、大数据中心、人工智能等新型基础设施在物流领域的覆盖率大幅提升，物联网、大数据、区块链等技术和智能装备在物流领域广泛应用。省级重点物流企业应用数字技术的比例达到 80% 以上、省级示范物流园区智慧化率达到 80% 以上。物流绿色化水平明显提升，逆向物流体系基本建成，邮政快递全面使用循环中转袋（箱），电商快件基本不再使用二次包装，邮政快递网点包装废弃物回收装置覆盖率达到 90% 以上，城市新增和更新的邮政快递新能源车比例达到 80%。

现代化管理体制释放新效能。物流行业"放管服"改革深入推进，建成线上线下深度融合、高效便捷的政务服务体系，"互联网＋政务服务"实现全面应用。政府创新监管取得突破，跨部门、跨区域、跨层级政务信息开放共享机制基本建成，智慧物流公共信息平台在公共物流信息发布、统计直报、信用体系、行业监测等方面发挥新成效。

表1　"十四五"江苏物流业发展主要预期指标

序号	指标名称	"十四五"末预期值
1	社会物流总额（万亿）	40 万亿以上，年均增速 5% 左右
2	社会物流总费用与 GDP 比率	11.8% 左右
3	集装箱吞吐量（万标箱）	2300 万标箱以上，年均增速 4% 左右
4	机场货邮吞吐量（万吨）	90 万吨以上，年均增速 6% 左右
5	快递业务量（亿件）	120 亿件以上，年均增速 11% 左右
6	多式联运	集装箱多式联运货运量年均增长 10%；沿海主要港口大宗货物铁路和水运运输量占比超过 96%；铁路货运量占比较 2020 年末提升 3 个百分点
7	物流枢纽建设	新增国家物流枢纽 5 家、国家骨干冷链物流基地 5 家，建设省级物流枢纽 28 家
8	物流示范载体建设	新增省级示范物流园区 40 家，新增省级重点物流基地 40 家
9	物流主体培育	新增省级重点物流企业 100 家，培育 5 家具有国际竞争力的"平台型"领军企业，8 家具有全球供应链组织能力的"供应链管理型"企业，10 家具有行业影响力的"精专型"领军企业
10	智慧物流	省级重点物流企业应用数字技术的比例达到 80% 以上、省级示范物流园区智慧化率达到 80% 以上
11	城乡物流	建成城市快递服务中心（公共服务站）15000 个，主要品牌快递建制村通达率 100%
12	国际物流	中欧班列年开行量达 2200 列，重要贸易国家和地区航空、海运航线通达率分别达 90%、60%
13	绿色物流	邮政快递全面使用循环中转袋（箱），电商快件基本不再使用二次包装，邮政快递网点包装废弃物回收装置覆盖率达到 90% 以上，城市新增和更新的邮政快递新能源车比例达到 80%

区域经济影响下江苏省区域物流发展研究

（四）发展重点。

"十四五"时期，在新的起点上实现江苏现代物流业更高质量、更有效率、更加公平、更可持续、更为安全的发展，全面推进"三个转变"。从数量降本向系统增效转变。巩固和深化物流降本增效综合改革试点的江苏成果，进一步破除"中梗阻"、打通微循环，完善物流运行体系，创新组织方式，提升综合服务效率，系统性降低经济循环成本。从要素驱动向创新驱动转变。把创新作为推动江苏现代物流业高质量发展的第一动力，加大物流技术、管理、组织、服务和体制机制等创新力度，打造创新赋能的物流经济。从基础支撑向价值创造转变。在发挥好物流业基础性作用的同时，突出强化现代物流价值创造能力，提升现代物流在产业转型升级中的引领性作用，推进江苏物流业向集成产业供应链、塑造竞争新优势、实现价值创造的方向发展。

重点围绕"一个方向、两大体系、三个高地"推进实施，提升江苏现代物流高质量发展水平。

聚焦一个主攻方向。聚焦物流业"降本、增效、提质"，坚持目标导向、问题导向和结果导向相统一，以结构性调整、技术性创新、制度性改革为路径，加快质量变革、效率变革、动力变革，系统性推进物流改革创新，激发现代物流发展内生动力。加快补齐物流枢纽设施网络建设短板，进一步优化物流空间布局，推动解决设施衔接不畅、信息不共享等问题，提升多式联运衔接效率，高质量推进运输结构调整。加快推进物流业态模式创新和服务领域拓展，加大智慧物流技术应用，创新物流服务组织方式，发展平台化服务组织模式。强化物流高质量服务供给，延伸物流服务价值链条，探索物流业价值创造的基本路径。着力深化物流"放管服"改革，进一步简化行政审批、推进降税清费、优化监管服务、强化部门协同，提升现代化治理能力。

完善两大支撑体系。一是聚力打造"通道＋枢纽＋网络"物流运行体系。持续放大江苏综合交通物流畅通循环效应，进一步完善物流基础设施网络，加强与国内物流通道网络的一体衔接、与国际物流基础设施的互联互通，着力推进物流枢纽、物流园区联通成网，全面提升物流枢纽服务效能，在更大范围促进经济循环流转和产业关联畅通，有力支撑江苏建设"具有世界聚合力的双向开放枢纽"。二是着力构建安全可靠的现代供应链体系。发挥"链主"企业与供应链服务商的引导辐射作用，以物流为牵引，加快推动供应链各主体各环节设施设备衔接、数据交互顺畅、资源协同共享，促进资源要素跨产业、跨区域流动和合理配置，提升产业链供应链自主可控水平。

加快三个高地建设。一是智慧物流创新高地。构建"数字驱动、协同共享"的智慧物流创新发展新生态，加强新型物流基础设施建设，加快智能物流装备应用，推进相关领域信息技术应用创新，大幅度提升物流数字化、安全性水平。加大物流科技创新与人才集聚，加强关键核心技术攻关与成果转化，推进具有全国影响力的物流产业科技创新中心建设，加速形成引领行业发展的技术标准体系、大数据中心、智慧物流云平台和应用新场景，抢占智慧物流发展战略制高点。二是产业物流融合高地。大力提升产业物流服务实体经济能力，加速高端化、品牌化、高附加值化，形成产业物流融合发展的示范效应。提升制造业供应链协同发展水平，大力发展以柔性化生产、资源高度共享为特征的精细化、高品质现代供应链服务，形成引领行业发展、具有典型示范效应的融合模式和标杆主体，增强物流业核心竞争力，促进产业升级、消费规模及品质双升级。三是民生物流品质高地。适应内需扩张、消费升级，提升民生物流运行水平和服务品质。强化城乡双向物流服务能力，推进形成全域覆盖、普惠共享、城乡一体、立足江苏、辐射全国的物流基础设施和服务网络。适应新零售、新消费等模式崛起，激发民生物流业态模式创新活力，以高质量供给激发消费需求，进一步提升邮政快递、冷链物流、跨境电商、绿色物流等民生物流品质化、便利化水平，满足人民日益增长的美好生活需要。

三、空间布局与城市定位

围绕构建新发展格局以及陆海内外联动、东西双向互济的开放格局，推进形成"三横三纵"物流通道布局和"一极两翼多节点"的物流枢纽布局，明确城市物流功能定位。

（一）物流通道布局。

1."三横"物流通道。

新亚欧陆海联运通道。依托陇海铁路、连霍高速等，发挥陆海统筹、联动亚欧的区位优势，增强西向开放辐射和东向出海能力，提升中欧班列运行规模与质量水平，完善海铁、海河与公铁联运网络，强化国际集装箱运输、大宗物资集散、国际供应链基地建设，支持连云港和徐州联合建设"一带一路"新亚欧陆海联运通道标杆示范，建设丝绸之路经济带东西双向跨境物流大通道。

长江联运转运通道。依托长江黄金水道，发挥江海河统筹、承东启西优势，增强港口一体化发展合力，加强集疏运体系建设，完善多式联运网络，强化江海联运、远洋中转、近洋直达等功能，构建起服务长江经济带、联通海上丝绸之路的战略通道。

沪宁综合立体通道。依托京沪铁路、沪宁铁路、沪蓉高速公路等干线网络及世界级机场群建设，发挥综合交通优势和先进制造业集群优势，强化高端要素集聚能力和物流产业创新能力，提升国际航空货运、海铁联运、全球供应链管理能力，构建起立体化、强辐射的陆海空协同物流大通道。

2."三纵"物流通道。

沿海物流开放通道。依托沿海铁路、沿海高速公路，发挥连南接北、通江达海优势，强化集装箱出海能力建设，加强港口间物流协同，增强江海河、铁公水等多式联运服务能级，整体提升江苏沿海港口的出海功能，构建起面向东亚、接驳内陆的国际物流海上通道。

京杭绿色航运通道。依托京杭大运河，发挥高等级航道网水运优势和产业集聚优势，推进与沿江沿海港口的深度合作，强化内河集装箱运输、大宗物资中转集散、公铁水多式联运等功能，提升内河智慧、绿色航运水平，构建起智能高效、绿色安全的现代生态航运物流通道。

中轴南北互联通道。依托京沪高速、锡泰、常泰过江通道等，发挥跨江融合、南北联动优势，推进高能级物流枢纽建设，强化陆路中转集散和公铁水多式联运功能，提升锡常泰创新要素南北传导辐射能力，构建起东融上海、西接南京都市圈的中轴物流通道。

（二）物流枢纽布局。

以打造南京都市圈多类型国家物流枢纽叠加优势为物流枢纽增长极，以苏锡常通和徐连淮物流枢纽组团为两翼，以省级物流枢纽为支撑，形成"一极两翼多节点"的物流枢纽布局。

1. 打造南京物流枢纽增长极。

发挥南京都市圈作为长三角带动中西部发展传导区域的独特优势，加快推进多类型的国家物流枢纽建设，全面增强海港、空港、陆港、商贸服务、生产服务等国家物流枢纽集聚辐射能力，提升南京区域性航运物流中心、长三角世界级机场群核心货运枢纽的服务能级，加快数字物流创新应用，加强全球供应链组织能力，建成服务长三角、带动中西部、链接国际的物流枢纽增长极。

2. 打造苏锡常通与徐连淮"两翼"物流枢纽组团。

苏锡常通环沪物流枢纽组团。发挥苏州（太仓）港集装箱干线港、苏州国际铁路物流中心、无锡区域性航空枢纽、常州综合港务区、南通通州湾长江集装箱运输新出海口等枢纽组合叠加优势，推进苏州、无锡、南通国家物流枢纽建设，强化江海联动、枢纽协同、全球供应链组织功能，推进国际高端要素集聚平台与融合创新高地建设，建成服务长三角世界级产业集群、引领区域开放协同发展的物流枢纽门户。

徐连淮物流"金三角"枢纽组团。发挥徐州淮海国际陆港、连云港国际枢纽海港、淮安航空货运枢纽的多式联运优势，布局建设徐州—连云港—淮安综合性物流枢纽，推进物流枢纽一体化规划，强化协调合作、设施联通、功能协同，推动枢纽经济发展，全面提升服务国家战略的能力，建成加速苏北崛起、联动苏鲁豫皖、辐射中西部的物流枢纽引擎。

3. 打造五类物流枢纽。

港口型物流枢纽。依托南京、苏州、南通、连云港等城市，推进港口型国家物流枢纽建设。依据港口基础设施能级、多式联运水平、产业条件、中转集散能力等因素，重点推进镇江、泰州、江阴、张家港、盐城、扬州、淮安、常州、徐州等城市建设港口型省级物流枢纽。

区域经济影响下江苏省区域物流发展研究

空港型物流枢纽。依托南京等城市，推进空港型国家物流枢纽建设。依据区域发展战略、机场能级、航空货运规模、产业条件、中转集散能力等因素，重点推进无锡、南通、淮安等城市建设空港型省级物流枢纽。

陆港型物流枢纽。依托南京、徐州等城市，推进陆港型国家物流枢纽建设。依据公路和铁路货运规模、高等级公路和铁路设施网络、多式联运水平、产业条件等因素，重点推进苏州、无锡、常州、淮安等城市建设陆港型省级物流枢纽。

生产服务型物流枢纽。依托南京、苏州、无锡等城市，推进生产服务型国家物流枢纽建设。依据工业生产总值、优势制造业、生产性服务业总体水平等因素，重点推进徐州、扬州、镇江、泰州、连云港、宿迁等城市建设生产服务型省级物流枢纽。

商贸服务型物流枢纽。依托南京、南通等城市，推进商贸服务型国家物流枢纽建设。依据专业市场、城乡消费、电子商务、贸易规模等因素，重点推进无锡、常州、常熟、盐城、扬州、海门等城市建设商贸服务型省级物流枢纽。

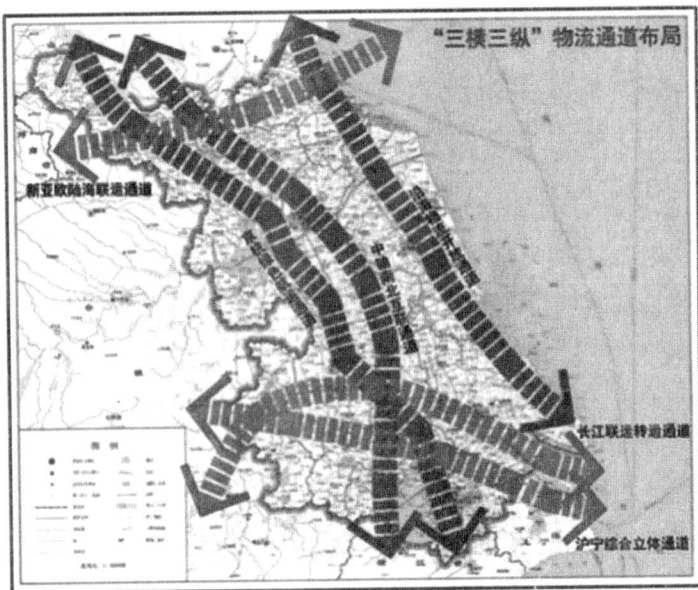

图1 "三横三纵"物流通道布局

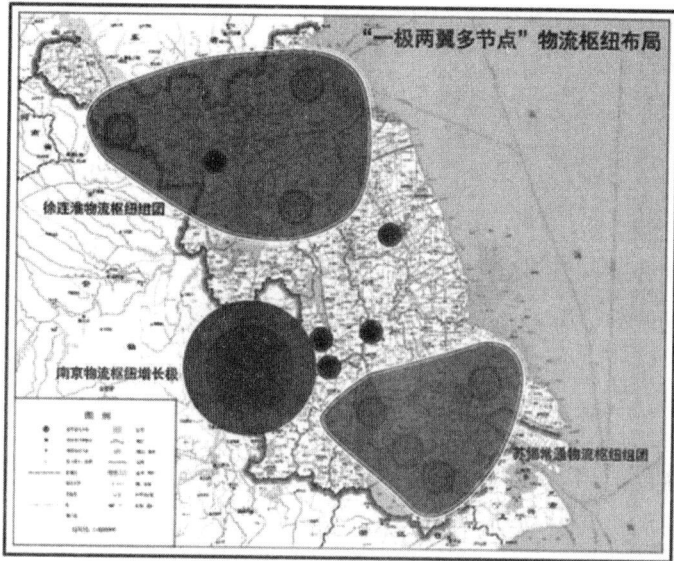

图2　"一极两翼多节点"物流枢纽布局

（三）城市物流功能定位。

综合考虑国家战略与全省物流空间布局，发挥各城市比较优势，结合现有基础和未来发展趋势，明确城市物流的功能定位。

1. 南京。强化江海联运、集散分拨、供应链管理、应急物流等功能，推进国际货邮枢纽、航运物流枢纽建设，建成国际性综合交通枢纽城市、区域性航运物流中心、全国智慧物流发展高地。

2. 苏州。强化集装箱多式联运、供应链管理等功能，进一步推进国际铁路枢纽场站、集装箱近洋集散和国际供应链服务体系建设，完善跨境物流服务平台，建成全球制造业供应链组织中心、全国有影响力的港口枢纽经济先行区。

3. 无锡。强化航空物流、国际快递、供应链物流等功能，推进多式联运、陆港物流等业态高质量发展，加快枢纽经济体系建设，建成区域性航空物流枢纽、江苏枢纽经济创新发展示范区。

4. 常州。强化铁公水空多式联运、区域分拨、分销配送功能，推进常州综合港务区建设，促进物流业制造业深度融合创新，建成长江中下游多式联运物流中心、江苏中轴核心物流枢纽、长三角现代物流中心城市。

5. 南通。强化江海联运、大宗物资集散、航空物流功能，加强与苏南物流融合，推进南通通州湾、南通新机场建设，加快形成江海河、铁公水多式联运集疏运体系，建成长江集装箱运输新出海口和江海联运新枢纽。

6. 徐州。强化国际铁路集装箱中转集散、区域分拨、公铁水联运功能，推进徐州淮海国际陆港建设，做大做强枢纽经济，建成"一带一路"重要的物流节点城市、陆港型国家物流枢纽城市、淮海经济区物流中心城市。

7. 连云港。强化多式联运、大宗散货物流、石油化工品物流等功能，推进中哈（连云港）物流合作基地、上合组织出海基地建设，强化跨境物流大通道服务能力，建成面向"一带一路"物流强支点、国际物流枢纽、国际大宗商品供应链基地。

8. 淮安。强化航空货运、内河集装箱物流、铁公水联运功能，加强机场货运与高铁快运高效衔接，推进航空快递、区域分销分拨等物流功能建设，建成淮河生态经济带航空货运枢纽、苏北高铁快运物流基地。

9. 盐城。强化与长三角区域物流协同，加强与日韩航空货运功能对接，推进多式联运、电商物流、农产品冷链物流、制造业供应链建设，打造长三角北翼区域性物流枢纽、淮河生态经济带出海新门户、江苏沿海重要大宗商品物流基地。

10. 扬州。强化公铁水多式联运物流体系建设，增强与南京都市圈区域物流协同，推进港口物流、汽车物流、冷链物流建设，建成连接苏南、服务苏中、辐射苏北的区域性物流中心。

11. 镇江。强化公铁水联运、公路集散、大宗物流功能，加强与南京、扬州物流协同，推进特色产业物流、能源物流建设，建成长江下游重要的大宗商品物流基地、清洁能源储存转运物流基地。

12. 泰州。强化多式联运、分拨集散、专业物流等功能，加强与无锡、常州跨江物流协同，推进大宗商品物流、冷链物流、区域分拨功能建设，建成长江下游重要的大宗商品供应链物流基地、江苏中轴重要物流支点。

13. 宿迁。强化内河航运、集散分拨、专业物流等功能，加强与物流"金三角"的物流协同，推进智能家电供应链、电商物流、农产品冷链物流建设，建成淮海经济区重要的供应链物流基地、内河联运物流枢纽节点。

四、主要任务

（一）聚焦能级提升，推进枢纽经济跨越发展

1. 提升枢纽集聚辐射能力。推进要素资源向国家和省级物流枢纽集聚，补齐铁路专用线、多式联运转运设施、应急物流设施等基础设施短板，提高干线运输规模和支线运输密度，整合专业化仓储、区域分拨配送、通关保税等设施。推进物流枢纽综合信息服务平台建设，推动枢纽内企业、供应链上下游企业信息共享。打通多式联运"中梗阻"，加强干支衔接、标准对接和组织协同，切实解决跨运输方式、跨作业环节"卡脖子"问题。推进既有货运铁路连线成网，加快苏州（太仓）港、连云港徐圩港、南通通州湾港、常州综合港务区、盐城大丰港和滨海港等港区铁路专（支）线建设，打通铁路货运干线通道与重点港区的"最后一公里"。提高海河联运内河航道等级，提升多式联运网络化运作水平。提升枢纽一体化组织运营能力。通过战略联盟、资本合作、功能联合、平台对接、资源共享等市场化方式，培育形成优势互补、业务协同、开放高效的物流枢纽运营主体，进一步提升组织运营、资本运作和资源配置能力。

2. 打造多元协同的枢纽体系。推进建立协同高效的物流枢纽联盟机制，加强枢纽间功能协同和业务对接，形成多层次、立体化、广覆盖的物流枢纽网络体系。强化水水中转、水陆联运有机衔接，进一步发展壮大淮安港、徐州港、宿迁港、苏州港、无锡港等内河集装箱港，推进江海河一体化的港口型物流枢纽网络建设。强化干支运输、区域分拨、中转集散等功能，推进干支配一体化的陆港型物流枢纽网络建设。强化全货机航线直达、跨境物流和联运服务，推进内外联通、快捷高效的空港型物流枢纽网络建设。强化供应链管理、干支联运、分拨配送等物流功能，推进与重点制造业和商贸集聚区深度融合的生产服务型和商贸服务型物流枢纽网络建设。以国

家物流枢纽为核心载体，串接不同地区、不同城市、不同类型的物流枢纽，有效联结物流园区、货运场站、配送中心、仓储基地等物流设施，加快推进物流枢纽间开行"钟摆式""点对点"直达货运专线、班列班轮、卡车航班。

3. 培育发展枢纽经济。统筹枢纽与城市、产业协同发展，强化枢纽综合竞争和规模经济优势，打造要素集聚全、流通效率高、业态模式新、聚合能力强的枢纽经济增长极。强化"枢纽＋企业""枢纽＋平台"，提升枢纽组织能力，放大集聚发展辐射效应。重点吸引企业总部和研发、销售、物流、结算、营运中心等功能性机构落户，培育引进一批全球领先的平台型供应链企业，做大做强区域分销分拨、大宗物资交易、跨境贸易、保税通关、产业金融、创新协同等平台服务功能，形成枢纽发展与企业成长的共赢格局。强化"枢纽＋产业""枢纽＋城市"，构建枢纽经济产业体系，推动港产城互动融合发展。发挥物流枢纽产业链供应链的组织功能，推动现代物流和先进制造、现代商贸等产业深度融合，发展枢纽紧密型、偏好型、关联型产业，促进资本、技术、管理、人才等各类资源和生产要素集聚，推动发展航空经济、临港经济、高铁经济等，提高城市经济发展能级和产业竞争力。

（二）强化供应链创新，推进物流与产业深度融合。

1. 推进供应链管理模式创新。发挥物流在供应链管理上的关键作用，提升物流企业的供应链组织管理能力，培育壮大一批现代化、专业化的供应链企业。强化供应链技术应用和服务模式创新，进一步增强供应链金融、采购执行、分销执行、质量追溯、商检报关等增值服务能力；推进供应链企业加大数字化投入力度，提升供应链要素数据化、数据业务化和信息安全化水平，加强数据标准统一、信息互联和数据共享，推动供应链全流程业务上云，打造数字供应链和产业新生态圈。加快建设技术水平高、集成能力强的一体化供应链组织中枢，聚合链主企业、物流企业、金融机构、增值服务商等，推动供应链系统化组织、专业化分工、协同化合作，实现集中采购、共同库存、支付结算、物流配送、金融服务等功能集成，提高供应链快速响应能力。

2. 提升重点产业供应链竞争力。提升现代供应链战略地位。紧扣我省"531"产业链递进培育工程和"产业强链"三年行动计划，完善重点产业供应链政策规划体系，推进分行业供应链战略规划设计和精准施策，加大供应链重大基础设施、服务平台建设力度。提升重点产业供应链协同和集成能力。围绕全产业链整合优化，创新供应链组织模式，强化制造企业供应链组织和要素资源整合能力，提升物流自动化、智能化水平，带动制造业流程再造、模式创新、质态提升。围绕智能制造，打造一批具有订单管理、库存管理、数据辅助决策等功能的协同管理平台。提升重点产业供应链弹性。加强供应链安全国际合作，提升国际运输通道安全风险防控和应急保障能力。推进与跨国物流集团、龙头供应链企业建立战略协作，提高全球供应链协同和配置资源的能力，促进重要资源能源、关键零部件来源的多元化和目标市场的多样化。研究建立重点产业供应链风险监测、预警、应对工作机制，引导行业、企业间加强关键零部件供应链中断风险信息共享和互助协同，分散化解潜在风险。

3. 创新产业融合发展。依托重点产业集聚区，加快布局与产业发展紧密关联的一站式联托运、公共外库、分拨配送等设施，推进完善保税、冷链、快递、云仓等物流服务功能。推进物流企业与制造企业、商贸企业加强信息编码等基础类、质量控制等服务类、托盘等装备类的标准统一和衔接。推进工业供应链管理平台建设，推动物流企业深度参与制造企业资源计划、制造执行系统等关键管控软件开发，复制推广先进的信息融合模式，实现采购、生产、流通等上下游环节信息实时采集、互联共享。实施"快递进厂"工程，拓展邮政快递企业与制造企业融合发展深度，大力发展线边物流、逆向物流、准时物流等嵌入式驻厂服务，以"项目制管理"方式与先进制造企业建立长期稳定的战略合作关系。依托重点商圈、商贸集聚区、跨境电商平台，推动物流企业与商贸流通企业共同打造一体化供应链服务体系，强化集中采购、统仓共配、邮政快递、保税通关、支付结汇等物流服务功能。

引导传统流通企业向供应链服务企业转型，推进现代物流与新型末端商业模式融合，加快完善直达社区、村镇的共同配送物流网络，提升末端物流服务效率。依托大型农产品批发市场、农产品电商、农业龙头企业、农民合作社、家庭农场等，加快构建农产品物流服务网络，完善基于农产品流通大数据的产销对接机制，拓展加工配送、安全检测、溯源查询等服务功能，延伸农产品加工链条，提升农产品冷链物流服务能力。推进物流与金融产业融合发展，探索利用物联网、区块链等技术创新物流金融服务模式，为物流企业提供融资、结算、保险等服务，进一步激发物流市场主体活力。

（三）加快数字转型，积极推动物流改革创新。

1. 加快推进物流数智化应用。推动5G、大数据、云计算、工业互联网、人工智能、区块链等新一代信息技术在物流领域的应用。加快货、车（船、飞机）、场、物流器具等物流要素数字化转型升级。推动物流枢纽、物流园区（基地）、港口码头、货运场站等物流基础设施数字化改造升级，打造一批智慧物流园区、全自动化码头、无人场站、口岸智能通关、数字仓库等。推进智能化多式联运场站、短驳及转运设施建设。加快运用无人机、无人驾驶货车、可穿戴设备、智能快件箱、自动分拣机器人等智能化装备，推进数字化终端设备的普及应用。加快推广"信息系统＋货架、托盘、叉车"仓库基本配置技术，推进传统仓储设施的数字化转型。

2. 全面推进物流数字化管理。加快推进物流业务的数字化转型，推动企业在车（船）货智能配载、多式联运、安全运输、信用监管、路径优化等方面实现全流程数字化改造，建立物流业务基础数据的采集管理系统。推动企业开展数据"上云"行动，鼓励具备条件的企业挖掘、应用物流大数据价值，提高物流大数据在风险识别、网络优化、市场预测、客户管理等领域的应用水平。培育基于"数据＋算力＋算法"的核心能力。推进基于数据驱动的车货匹配、运力优化和车路协同等模式创新。推进智能物联网在运输风险管控、安全管理领域的应用，提升运输精细化运营和主动安全管理能力。以数据集中和共享为重点，打通信息壁垒，构建安全高效的政企数据共享机制，不断完善安全监管标准。探索建立基于区块链技术汇集运输、仓储、交通、税务、银行、保险等多方信息的物流公共"数据池"，推进物流数据资源跨地区、跨行业互联共享。加快推进物流领域的"互联网＋政务服务"，构建基于大数据的信用约束、精准实施、分类扶持、协同监管的智慧化治理体系。

3. 进一步深化智慧物流综合改革。推进智慧物流降本增效综合改革试点成果的集成应用。围绕城市物流智慧化治理，打造一批智慧物流发展体制机制完善、智慧技术应用广泛、物流枢纽智慧互联、智慧物流主体集聚效应显著的智慧物流示范城市。围绕园区智慧化改造，建成一批作业自动化、过程可视化、产品追溯化、设施数字化、管理智能化、运营网络化的智慧物流示范园区。围绕智慧物流关键场景，推进物联网感知、物流仿真、车路协同、大数据挖掘算法等的研究应用。培养一批技术先进、模式新颖、服务高效的智慧物流示范企业和智慧物流信息平台，建设一批引领江苏智慧物流快速发展的智力引擎载体。结合物流降本增效试点任务，进一步完善智慧物流发展体制机制，构建技术、装备集成应用的智慧物流产业生态，推进制定适用于智慧物流企业的管理标准和办法，建立智慧物流企业评估和评价体系。

（四）强化协同联动，加快区域物流一体化发展。

1. 深化都市圈物流一体化发展。围绕物流设施共建共享、网络互联互通、行业共管共治，统筹布局物流枢纽节点，优化配置物流资源，推进都市圈物流设施网络建设，加快构建区域分拨、城市配送服务体系，提升都市圈物流一体化组织服务效能。发挥南京国家物流枢纽承载城市的聚合辐射作用，突出周边城市比较优势，构建枢纽引领、分工协作、层次分明的都市圈物流体系，合力推进都市圈物流一体化先行示范。强化南京海港、空港、陆港、商贸服务、生产服务等物流枢纽功能，提升多式联运、中转集散、供应链组织能力，加快推进南京全国航空货物和快件集散中心、区域性航运物流中心建设。发挥周边城市产业承接优势，在镇江、扬州、马

区域经济影响下江苏省区域物流发展研究

鞍山、滁州等城市布局建设一批干支衔接、智慧高效的城际配送中心，探索跨区域同城化的共同配送组织协作模式，创新配送车辆同城化通行管理举措，加快形成 1 小时物流配送圈。推动苏锡常海陆空物流枢纽资源共享共用，做强苏州江海转运、做大无锡航空货运、做优常州公铁水联运，推进无锡、常州打造陆港型物流枢纽。加快物流"金三角"建设，完善徐州陆港、连云港海港、淮安空港枢纽设施功能，建立枢纽建设协调推进机制，加强物流设施互联、信息互通、业务联动，推进徐州都市圈其他城市物流协同发展。

2. 加强长三角城市群物流协同。立足长三角产业经济规模大、开放创新水平高、综合交通网络发达等基础，充分发挥上海长三角区域一体化龙头带动作用，放大江苏产业链供应链组织能力强、开放口岸平台众多、科教创新资源丰富等比较优势，强化物流分工协作、优势互补、错位发展，推进建立苏浙沪皖物流一体化协作机制。推进枢纽共建、设施联通、资源共享、创新协同，营造市场统一开放、规则标准互认、要素自由流动的物流业发展环境，共同打造区域物流一体化示范标杆。统筹规划物流基础设施布局，推进物流枢纽共建和设施联通。依托世界级港口群建设，加强港航物流合作，高水平推进苏州（太仓）港近洋集装箱枢纽港和远洋集装箱喂给港、长江南京以下江海联运港区、南通通州湾长江集装箱运输新出海口共建共享和业务融合。提升南京、无锡、盐城和南通等城市机场物流服务能力，有效承接上海国际航空枢纽资源溢出。深化口岸合作，提升通关一体化水平，复制推广"沪太通"集装箱多式联运模式，推进常州、苏州、无锡等地布局内河集装箱中心（ICT），开发直通上海港、宁波港的海铁联运班列。聚焦关键前沿技术，开展物流科技创新联合攻关，建设开放、协同、高效的物流技术研发应用平台。依托中国国际进口博览会，共同打造国际供应链组织和物流总部经济聚集区，推进建设一批集贸易分销、区域分拨、综合服务等功能于一体的线下展示交易与分销分拨平台。发挥江苏民生物流资源集聚优势，提升农产品冷链物流、粮食物流、邮政快递、应急物流等服务水平，扩大面向长三角的优质民生物流服务供给。

　　3. 推动跨区域物流联动发展。立足国内大循环，推进建立跨区域物流联动机制，加快形成便捷通畅、经济高效、协同运作的物流服务网络体系。围绕大宗商品、生产资料、特色农产品、工业品等跨区域流通，推进与重要资源基地和消费市场的高效物流通道建设，加快发展枢纽间铁路干线运输，增开一批双向铁路货运班列，优化物流组织模式，提高跨区域物流运行效率。推进建立与陕西、甘肃、新疆等中西部省份物流协作机制，强化我省重要物流枢纽节点跨区域中转集散、联运转运、交易交割等功能，加强物流枢纽间基础设施联通对接。围绕集装箱、件杂货、大宗散货的跨区域流通，有序推进港口型物流枢纽班轮航线建设，加快推进与武汉、重庆等长江中上游港口城市建立物流联动合作机制。提升江海河联运、水水中转、铁水联运等服务功能，加强长江支线"班轮化"运作，增强航运资源交易、大宗商品交易平台的集聚力和影响力，提升长江黄金水道物流运输效能。围绕国际航运、航空货运、供应链管理、冷链物流、跨境物流、人才培训等重点领域，建立完善与香港、澳门、台湾地区以及广州、深圳等城市物流联动机制，密切与粤港澳大湾区物流联系，加强物流标准对接，推进政府、行业组织和企业间交流，深化拓展业务合作，提升跨区域物流合作层次和水平。

　　（五）加强统筹推进，提升城乡配送循环效能。

　　1. 加快城市配送网络一体化。立足城市经济循环，加快完善布局合理、有机衔接、层次分明的城市配送网络体系。优化城市物流空间布局，推进物流资源集聚集约发展，构建形成"物流园区（分拨中心）—配送中心—末端网点"三级城市配送网络。充分发挥商贸物流枢纽核心辐射作用，适应本地电商、直播带货等新零售发展，推进建设以商贸物流枢纽为核心的配送网络，引导生产和商贸流通企业合理布局产地仓、前置仓、配送站、快递驿站、自提点和社区门店，高效衔接即时配送、网店配送、门店自提等模式，提高"最后一公里"本地配送效率和服务质量。布局建设一批集运输、仓储、加工、包装、分拨等功能于一体的公共配送中心，强化统一

区域经济影响下江苏省区域物流发展研究

存储、集中分拣、共同配送等功能。围绕城市商圈、景区、客运站等，完善快递揽收网点布局。结合城市更新、老旧小区改造等，完善城市快递末端服务体系，加强邮政、交通、电商、快递等资源整合，推进设施共享共用，推广智能快件箱（信报箱）等新型设施建设。

2. 创新集约高效的城市共配模式。立足资源协同共享，推动城市共同配送组织模式创新。强化城市货运配送统一管理，加快建立城市配送公共信息平台，发展"互联网＋同城配送"，推动平台型企业整合同城货源和物流运力资源，加强配送车辆的统筹调配和返程调度。推进快递末端配送资源整合优化，大力推广统仓共配、分时配送等先进物流组织方式，引导快递企业通过联盟、合资等方式建立共同配送平台，建立统一品牌、统一管理、统一数据、统一分拣的共同配送体系。引导城市农产品流通由供应原料为主向供应成品、半成品为主转变，建设面向城市的低温加工处理中心，发展"生鲜电商＋冷链宅配""中央厨房＋食材冷链配送"等新模式。

3. 建立健全农村物流服务体系。立足乡村经济循环，加快完善县乡村三级物流配送网络，建设一批县域物流园区、公共配送（分拨）中心、镇级配送站和村级公共服务网点，健全乡到村工业品、消费品下行"最后一公里"和农产品上行"最初一公里"的双向物流服务网络。全面实施"快递进村"，整合社会资源推动农村快递服务网络建设，推动交通运输与邮政快递融合发展，利用客运车辆开展代运邮件和快件。完善农村物流公共服务站点，促进农村物流"最后一公里"节点网络共享、运力资源共用。推进大型商贸流通企业、电商快递供应链网络下沉乡村，布局建设冷链物流产地仓、田头小型仓储保鲜冷链设施、产地低温直销配送中心。实施"互联网＋农产品"出村进城工程，推进交通运输、邮政快递与农业生产、加工、流通企业组建产业联盟，建立"种植养殖基地＋生产加工（仓储保鲜）＋电商平台＋快递物流"一体化的供应链体系，完善产运销一体化的农村物流服务网络。围绕省内特色产业集群和特色农产品产地，推进直播电商与邮政快递融合发展，发展"直播电商＋产地仓＋快递共配"模式，推动物流赋能乡村发展。

（六）培育竞争优势，提升国际物流服务能力。

1. 强化国际物流通道建设。立足国际循环，适应全球产业链深入融合和跨国供应链加速重构趋势，以"三横三纵"物流通道为基础，强化物流枢纽的国际物流设施建设，推进国际物流通道布局优化，加快构建便捷畅通、多向立体、内联外通的国际物流通道网络。加强"一带一路"国际物流通道建设。强化新亚欧东向出海通道建设，深化与国际重要港口协作联动，推进开辟至重要战略性物资基地的海运直达航线。拓展加密面向"一带一路"沿线及重要贸易国家重点产能合作地区的国际空运航线、航班，重点开发日韩、东南亚、欧美、港澳台等方向航线，大力发展国际全货机航线。强化经苏州（太仓）港至东亚、南亚，经连云港、盐城至日韩的通道建设。进一步畅通西向陆路国际物流通道，优化南京、苏州、徐州、连云港四市中欧班列国际铁路运输组织，增强铁路集装箱集结能力，支持在沿线重要节点布局加工组装基地和物流枢纽，进一步完善中欧班列通道线路布局和境内外揽货体系。围绕东亚小循环，重点加密至日韩等近洋航线，提高全货机航线直达率和航班密度。加强南京龙潭港、苏州（太仓）港等江海联运枢纽与上海国际航运中心以及香港、新加坡等国际航运枢纽联动，优化至美西、中东、西非等远洋航线运输布局。推进连云港港、通州湾新出海口建设，强化集装箱远洋航运功能。

2. 提升国际物流综合服务能力。强化物流枢纽通关保税和全球要素集聚等功能，打造内外有机联动、多运输方式协同的国际物流服务体系，提高服务国内国际市场能力。推进省市级公共海外仓建设，引导省内有实力的企业通过资本运作、业务合作等方式，围绕美国、欧盟、东盟等主销市场和"一带一路"沿线等新兴市场的港口、铁路和航空枢纽，布局一批配套服务功能完善的公共海外仓，为外贸企业提供通关、仓储配送、营销展示、退换货和售后维修等服务。推动省国际货运班列公司、跨境寄递服务企业在国际物流重要节点区域设置海外仓，完善境外物流和寄递服务网络。大力发展海运快船、国际铁路定制班列、集并运输等模式，推进海铁联运和江海联运发展，进一步增强国际航运和铁路物流服务能力。增强全货机定班国际航线和包机组织能力，完善国际航空货运服务关口前移、空陆联运等服务，提升国际货源和运力资源组织水平。加快发展国际寄递物流服务，实施"快递出海"，鼓励有条件的地市规划建设快件监管中心，增强进出境邮件、快件及货物的国际集散能力。适应跨境贸易碎片化新趋势，紧抓区域全面经济伙伴关系协定（RCEP）的跨境物流发展新机遇，加大对东南亚的物流布局与整合，推进具有跨境出口、海外仓配、全程追踪、金融融资等服务功能的跨境物流综合服务平台建设，为跨境电商发展提供全链路一站式跨境物流服务。

3. 培育壮大国际物流服务主体。发展物流总部经济，加快推进具有全球供应链运营能力的航运企业、供应链管理企业、跨国公司采购分销中心在江苏设立高能级物流总部。推动省级龙头企业牵头组建大型跨国物流集团，建设一批骨干海运企业、航空物流企业和中欧班列运营企业，提升我省物流企业在全球物流产业价值链中的地位和影响力。推动省内企业通过投资并购、战略联盟、业务合作等方式整合境内外国际运输、通关、境外预分拣、海外仓等资源，提高到岸物流与境外落地配送服务能力。推进我省物流企业加强与"一带一路"沿线国家物流交流合作，跟随产业投资、重大工程项目走出去，提供配套国际物流服务，拓展全球物流网络。

（七）坚持低碳环保，推动物流全链路绿色发展。

1. 营造绿色物流发展新生态。全面提升物流设施、技术、模式绿色化发展水平。推进绿色物流枢纽、园区和基地建设，加强土地和存量资源的集约利用，推广应用绿色节能物流技术装备，提升绿色化发展水平。加大货运车辆（船）适用的LNG加气站、充电桩、岸电设施等配套基础设施建设。推动仓储设施的节能降耗与绿色发展，引导企业规划和建设绿色仓储新设施，推动企业对旧有的仓储设施实现绿色化升级改造。推广绿色低碳运输工具，淘汰更新或改造老旧车船，推进内河船型标准化，加大新能源或清洁能源汽车在枢纽园区、城市配送、邮政快递等领域应用。积极推进运输结构调整，推动大宗货物运输由公路转向铁路和水路，推动形成公路与铁路、水路合理的比价关系，加快发展铁水、公铁、公水等多式联运。探索建立物流领域碳排放监测体系，开展物流领域碳达峰、碳中和研究。

2. 发展绿色物流新模式。推动绿色运输、仓储和包装等环节协同运行，实现物流全链条绿色化发展。推广先进运输组织模式，推进公共"挂车池""运力池""托盘池"等共享模式和甩挂运输等绿色运输方式发展。推广应用装箱算法、智能路径规划、大数据分析等技术，科学配置运输装备，合理布局仓储配送设施。推动物流枢纽、示范物流园区等采用能源合同管理等节能管理模式。推广普及电子面单、环保袋、循环箱、绿色回收箱，推进物流企业与制造、商贸流通企业包装循环共用，推广使用循环包装和生物降解包装材料，推行实施货物包装和物流器具绿色化、减量化。

3. 构建逆向物流新体系。优化城市逆向物流网点布局，完善城市社区废旧物资回收网络。创新逆向物流回收模式，围绕家用电器、电子产品、汽车、快递包装等废旧物资，构建线上线下融合的逆向物流服务平台和回收网络。加快落实生产者责任延伸制度，引导生产企业建立逆向物流回收体系，推动汽车、工程机械、电子产品等生产企业利用售后服务体系建立再制造逆向物流回收网络。培育一批逆向物流服务主体，推动第三方物流开展逆向物流业务，提供个性化和专业化物流服务。

（八）突出重点领域，提升物流专业化服务能力。

1. 冷链物流。围绕更好满足生鲜农产品生产流通规模化需求、城乡居民生活消费品质化需求、生物医药等专业化需求，加快补齐冷链物流短板、打通流通堵点、完善网络体系，全面提升冷链物流发展水平。依托省内重点农产品产销地、集散地，分层次完善各类专业冷库设施布局，优化冷库供给结构，提升冷链物流设施水平。依托大型农产品批发市场、农产品物流园，推进建设面向城乡居民消费的低温加工配送中心。依托进境肉类、冰鲜水产品、水果指定监管场地、药品进口口岸及保税区，推进建设一批集保税仓储、加工配送、冷链查验、保税展示、冷藏运输、价格结算等功能于一体，具有区域影响力和市场辐射力的跨境冷链交易平台。依托大型生物医药生产和流通企业，强化疫苗等生物制剂的冷链数据监测、国际航空冷链等服务功能，全面提升医药冷链物流专业化服务水平。围绕高铁集装箱冷链、航空冷链、医药冷链、生鲜电商、温控供应链等，打造一批冷链物流高端服务品牌。全面提升冷链物流节能安全管理水平。推广应用冷藏集装箱、冷藏车、低温物流箱、移动冷库等标准化设备，改善前端和末端冷链设施装备条件，提升城乡冷链服务网络覆盖水平。建立完善从田间地头到居民餐桌的农产品供应链体系，发展第三方冷链物流监控平台，加强冷链产品全程溯源和温湿度监控。加快推进形成布局合理、技术先进、供需匹配、绿色安全的冷链物流体系，提升冷链物流价值创造能力。

2. 航空物流。加快补齐航空物流短板和弱项，构建与江苏先进制造业水平、外贸规模、消费能力相适应的航空物流服务体系。以南京空港型国家物流枢纽建设为契机，加快推进南京中国邮政国际货邮核心口岸、机场三期国际货运站、大通关基地建设，加强机场货运设施与物流枢纽高效衔接，强化跨境电商、国际快件、空空联运、空铁联运等功能，进一步推进航空物流资源向枢纽集聚。推进苏南硕放国际机场、淮安涟水国际机场区域性货运枢纽建设，强化南通新机场航空物流功能，提升保税通关、航空快递、航空冷链等服务能力，拓展卡车航班等业务。推进既有航空货运设施改扩建，完善地面配套服务体系，提高航空运输与地面物流作业环节的衔接转运效率。推进机场物流与临空经济区、综合保税区高水平联动，实现区港一体化运营。培育和引进一批规模化、专业化、网络化航空物流龙头企业。拓展加密面向日韩、东南亚、欧洲等地的国际全货机航线，加快形成服务长三角、辐射周边国家地区、通达全球主要枢纽的航空物流网络。

3. 高铁物流。发挥高铁准时高效运量大的优势，加快构建与现代化铁路网相匹配的高铁物流服务体系。推进南京、徐州、连云港、淮安规划建设高铁物流枢纽，在具备条件的高铁沿线城市布局一批高铁快运基地。加强高铁场站功能设施改造升级，完善与高铁物流相配套的硬件基础设施，强化货物安检、快速接卸货、分拣、存储、转运等功能建设。推动新建高铁枢纽同步规划建设邮政快递物流设施。依托高铁枢纽打造城市综合体、高铁快运物流基地和现代快递产业园。鼓励电商、快递等企业参与高铁物流枢纽建设，就近或一体化布局电商快递分拨与配送中心，完善与高铁物流高效衔接的分拨、配送网络。推广应用可加挂高铁货运车厢、高铁货运柜等专用运载装备。推进高铁物流枢纽开行跨区域、长距离的"点对点"的高铁货运班列、专列。围绕电商、快递、高端冷链及贵重物品、精密仪器等时效性较强货物，打造一批"次晨达""次日达""当日达"高铁物流服务产品，推进形成多点覆盖、灵活组织的高铁物流服务网络。

4. 应急物流。围绕保障各类、各级突发公共事件的物资供应和产业链供应链安全，加快建设布局合理、平战结合、响应快速、安全高效的应急物流保障体系。依托物流枢纽、示范物流园区等，布局建设一批应急物流基地，围绕重要交通物流节点，布局建设应急物流转运场站。整合优化存量应急设施，推动既有物流设施嵌入应急功能，推进各类物资储备设施和应急物流设施在布局、功能、运行等方面的匹配和衔接。提高应急物流技术装备水平，发展快速通达、转运装卸和"无接触"技术装备。突出实物与产能、政府与社会相结合，构建多元参与、互为补充、协调联动的应急物资储备机制。充分发挥应急物流企业主力军作用，制定应急物流保障重点企业名录，建立高效响应的运力调度机制，提升物资跨区域大规模调运组织能力。推进交通、物流、卫生、粮食与物资储备等应急物流信息互联互通和共享共用，建立分级响应的应急物流保障协调机制，加强预案管理，提高应急物流系统韧性。

5. 粮食物流。全面实施国家粮食安全战略，发挥江苏粮食生产大省、消费大省和流通大省优势，依托粮食物流设施完备、加工产业发达、粮油品牌众多和粮机产业集聚等良好发展基础，进一步强化资源整合、功能拓展、价值创造，推进国家级粮食物流枢纽建设，将江苏打造成立足长三角、服务长江经济带、联动全国和"一带一路"的重要粮食安全保障物流基地。进一步提升沿东陇海铁路、沿淮河出海线、沿江、沿海、沿京杭运河、沿连申线运河等粮食物流通道能力，强化重点粮食物流园区集疏运和集聚辐射能力。推进园区产业链上下游企业集聚，加快园区智慧化改造，提升公

区域经济影响下江苏省区域物流发展研究

共服务、联运转运、粮食交易、精深加工、供应链管理等服务能力。全面推进粮食物流数字化建设，加强粮食物流园区信息互联共享，建设集物流资源调度、保供稳价、应急供应、安全监控、大数据分析等功能于一体的粮食物流产业大数据平台，提高粮食全产业链的智慧化水平。进一步提升新亚欧大陆桥陆路通道和沿海沿江通道的国际粮食物流能力，构建安全高效的全球粮食供应链服务体系。加快培育一批具有全球化布局、国际化贸易、供应链组织等能力的粮食物流运营主体，提升全球粮食资源配置能力。依托沿江沿海重要粮食物流设施，建设一批国家级和省级粮食物流枢纽，加快形成层次分明、衔接高效的粮食物流体系，全面提高粮食物流运营效率，降低粮食物流成本。

五、重点工程

（一）物流枢纽经济示范工程。

依托国家和省级物流枢纽，创新"枢纽+"发展模式，突出产业集群、企业集聚、平台集成、产城融合，强化物流枢纽要素组织和集聚辐射能力，提升经济发展效益和产业竞争力，打造一批支撑产业升级和高质量发展的枢纽经济示范区。

加强临港产业整合提升，推进连云港港、南京港、苏州港、南通港等强化国际贸易、大宗商品交易、航运服务等功能建设，做优港口型枢纽经济；大力发展临空经济，推进南京禄口国际机场、苏南硕放国际机场等强化高端国际贸易、高端制造、航空快递等特色产业集聚发展，做强空港型枢纽经济；加强铁路与公路物流资源整合和布局优化，推进徐州淮海国际陆港、无锡陆港、常州陆港等强化智慧物流、电商快递、区域分销、现代供应链等功能建设，做精陆港型枢纽经济。

发挥枢纽引领带动效应，推进与重点制造业集聚区、商贸集聚区深度融合发展，提升枢纽经济发展层级，到2025年，打造一批要素汇聚能力强、开放联动水平高、产业集聚优势明显、引领区域经济高质量发展的物流枢纽经济示范区。

（二）物流园区织网工程。

打破物流园区孤岛格局，突出科技赋能、互联互通、线上线下融合，全面推动国家物流枢纽、省级物流枢纽、示范物流园区之间加强业务合作、功能协同、要素流动、标准对接，加快构建线下互通、线上互联的物流园区网络。

全面推进省级示范物流园区提质增效，加强园区的数字化转型、智慧化改造、专业化运营、现代化管理，推动全省物流园区规模化、组织化、网络化、平台化发展。补齐县域物流园区短板，在产业基础较好、交通区位优势明显的县（市），布局建设一批具有示范带动作用的县域物流园区。提升重点物流基地资源集聚、运营管理能力，将符合条件的重点物流基地升级为省级示范物流园区。建立有进有退动态调整机制，开展全省物流园区竞争力评价，打造一批物流园区品牌。打造协同高效的物流园区联盟，推进全省物流园区公共服务云平台建设，拓展平台资源共享、安全管理、业务融合、数据挖掘等功能，开展全省物流园区上云行动。

大力推进物流园区线上线下融合创新，全面提升江苏物流园区整体竞争力，到2025年，全省示范物流园区互联成网，形成干支衔接紧、覆盖范围广、运作效率高、服务能力强的物流园区网络。

（三）两业融合创新工程。

重点围绕特高压设备等10条卓越产业链和集成电路等省级先进制造业集群，突出设施设备融合、信息互联共享、业务流程协同、标准规范衔接，强化网络化协同、专业化服务、一体化运营，打造一批推动产业升级、迈向价值链中高端的两业融合创新服务品牌。

围绕重点产业集群，适应敏捷制造、准时生产等精益化生产需要，加快建设一批聚合干支运输、仓储管理、即时配送、国际物流、供应链管理等功能的生产服务型物流枢纽。围绕重点产业链，推进一批重点物流企业深度嵌入产业供应链，为制造企业提供全球采购、库存管理、入厂物流、调运配送、应急储备、逆向物流等一体化供应链服务。引导重点产业"链主"企业整合内外部供应链资源要素，整合盘活存量物流设施，加快实施供应链流程再造，提升集中采购、分布式制造、协同物流、市场分销等全产业链供应链一体化管理水平。

推进物流业制造业创新融合试点示范，到 2025 年，培育形成一批物流业制造业创新融合发展的新型示范项目和标杆企业，打造一批服务模式新、技术水平高、竞争能力强的融合模式和对接平台，引领带动全省物流业制造业融合创新水平显著提升。

（四）物流企业上云工程。

充分发挥江苏物流数据资源丰富、物联网发展先行优势，突出数字化转型和新应用场景构建，加快搭建网络化、协同化的物流云服务平台，全面推进物流全链条和关键环节的数字化，全力打造数字物流江苏样板。

在公共物流管理、供应链服务、多式联运、物流园区、电子口岸等重点领域，加强信息共享、资源共用，打造一批具有数据仓库、数据挖掘、数字化解决方案等功能的物流云服务平台。结合重点产业数字化创新应用，打造一批面向全供应链的云标杆企业。推动大中型物流企业将信息基础架构和应用系统向云上迁移，实现管理上云和业务上云。推进中小微物流企业使用云应用软件，充分发挥网络货运平台作用，开展基于云的移动化或互联网化应用。结合物流企业上云需求，培育一批云平台应用服务商，推进技术产品创新，提升云平台应用服务能力，推广一批面向物流企业的普惠性服务。

全面实施物流企业"上云用数赋智"行动，到 2025 年，在全省打造一批便捷高效、成本经济的物流云服务平台，培育一批云平台应用服务商，树立一批上云标杆企业，形成可复制推广的数字化转型模式和成功经验，推动全省物流业数字化转型走在全国前列。

（五）智力引擎升级工程。

发挥江苏科教、产业、创新资源集聚优势，依托高校、科研院所、重点企业，突出产教融合、供需对接、智力共享、分类培养，加快培养适应物流产业高质量发展的创新型、应用型、技能型人才，打造一批全国有影响力、引领江苏物流高质量发展的智力引擎载体。

依托物流头部企业，选择重点高校、科研院所，集聚优质物流研究资源，聚焦国家战略，紧扣物流科技发展前沿，加强政产学研融合，推进建设全国领先、全球有影响力的物流产业创新中心和物流技术创新国家实验室。全面实施全球物流人才引才聚才计划，加强与国际供应链领先的科研机构紧密合作，加快集聚一批跨学科、交叉融合的创新型人才和旗舰团队。依托省内高校、职业院校、行业组织和优势企业，紧扣物流与供应链全链条应用型技术和管理需要，推进物流产教融合，加强物流应用型和技能型人才培养。紧扣激发创新创业灵感、培养提升实践能力，打造一批物流技能大赛、算法大赛等物流品牌赛事，加强职业人才培养模式创新，形成一批物流培训产品；加强职业人才培训的国际合作和证书互认，建设一批产学研有效融合的物流职业人才培养和输出基地、物流创新创业孵化基地。

全面实施人才强国战略，激发物流人才创造创新活力，到2025年，将江苏打造成全国物流培训产业集聚区、物流产教融合示范区、物流创新创业先行区，为物流高质量发展提供强有力的人才支撑。

（六）县域物流提升工程。

围绕全面乡村振兴战略和城乡融合发展要求，加强县域物流基础设施建设，强化物流服务功能，补齐农村物流短板，加快构建对接区域、覆盖城乡、双向畅通、保障有力，有效满足当地产业发展和民生消费需求的县域物流体系。

科学规划和合理布局县域物流园区，强化园区产业和服务功能，全面提升物流园区集聚能力和运营水平。推进园区与当地产业融合发展，强化物流园区干支衔接、集中仓储、仓配一体、供应链管理等功能。推进交通、邮政、快递、电商、供销等物流设施和服务资源整合，创新发展交邮融合、城乡统仓共配等新模式，深入实施城乡物流一体化"十百千万"工程和"快递进村"工程。推进农村物流配送公共服务站建设，改造提升农村寄递物流基础设施。补齐冷链、应急物流短板，推进县城及周边、产地冷库设施、应急物资运输中转场站建设。

推进县域物流发展水平全面提升，到 2025 年，城乡物流一体化网络基本建成，农村物流服务水平显著提升，形成有力支撑城乡经济畅通循环的功能完善、双向通达、智慧高效、绿色安全的县域物流体系。

（七）物流领军企业培育工程。

立足提升物流企业核心竞争力，突出数字化转型、网络化布局、一体化运营，加快培育一批根植江苏，具有品牌影响力、创新引领力、市场带动力的现代物流领军企业。

在网络货运、跨境物流、物流园区运营等领域，突出科技研发、运营创新，重点强化大数据挖掘和平台生态圈建设，拉长服务链条，创新服务产品，提升"平台型"企业创新活力和市场覆盖面。在供应链管理领域，突出要素整合、应用创新，重点强化与制造企业的流程、设施和标准融合，加强物流资源集成、网络协同和模式输出，提升"供应链管理型"企业全链路集成和服务能力。在医药、冷链、粮食、纺织服装、技术服务等细分领域，突出产业融合、模式创新，提升专业化、精益化服务能力，推进与制造业、商贸业深度融合，强化供应链专业服务平台建设，提升"精专型"物流企业全产业链的整合能力。在综合物流领域，突出资源整合、协作共享，重点强化干支衔接、多式联运、信息平台建设，加强全国性物流网络布局和国际化网络拓展，提升"综合型"物流企业的国际化、规模化、一体化组织能力。推进企业加强与制造、外贸企业深度合作，精耕国内市场，协同"抱团出海"。支持有条件的企业开展战略性兼并重组、强强联合。研究制定物流领军企业培育实施方案，完善支撑政策和保障体系。依托研究机构、行业组织，科学制定物流企业竞争力评价体系，加强分类指导，定期发布年度"江苏物流企业 30 强"名单。

大力实施物流行业"壮企强企"工程，到 2025 年，打造 5 家具有国际竞争力的"平台型"领军企业，8 家具有全球供应链组织能力的"供应链管理型"领军企业，10家具有行业影响力的"精专型"领军企业，20家具有区域竞争力的"综合型"领军企业。

（八）绿色快递示范工程。

围绕绿色发展理念和民生服务品质提升，推进绿色快递园区建设，强化绿色包装和绿色技术的应用，创新包装循环回收模式，打造快递发展集聚化、集约化、共享化，快递包装绿色化、减量化、可循环发展示范。

围绕电商快递产业集聚基础较好的城市，推进建设一批绿色快递示范园区。强化快递物流设施共建共享，增强园区数字化运营能力，推进园区应用绿色低碳技术，加快分布式光伏、节能建筑材料、节能降耗功效的技术设备在园区内的应用，降低物流成本和能耗。依托龙头快递企业，推广绿色环保包装应用，提高可降解绿色包装材料应用率，全面使用电子面单，促进胶带减量化。推进快递包装循环使用，鼓励邮政快递企业与商业机构、便利店、物业服务、第三方回收机构等开展多方合作，在大型社区、商圈、高校等快递集中区域投放快递包装、可循环快递箱（盒）回收设施。

推动形成全省绿色快递发展新生态，推进快递园区、电商、快递等企业上下游协同、绿色发展，到2025年，打造一批节能降耗、低碳环保、生态共治的绿色快递示范园区，形成一批可复制可推广的环保技术应用、快递包装减量化循环化新模式。

（九）骨干冷链物流基地工程。

围绕高附加值生鲜农产品产区和中转集散地，突出集聚集约、功能集成、价值创造，加快布局一批功能完善、特色鲜明、高效便捷的骨干冷链物流基地，提高冷链物流的规模化、集约化、组织化、网络化水平。

依托南京、连云港、南通、徐州、常州、盐城等城市，重点选择运营良好、需求旺盛、布局集中、条件成熟的冷链物流设施群，布局一批骨干冷链物流基地。加强冷链物流设施设备改造，推进公共服务型冷库、集疏运设施和配套设施建设，强化农产品交易、加工、分拨配送与金融支持等功能，打造具有数据保障的安全和温控双追溯监控体系。培育壮大一批骨干冷链物流基地运营主体，推动单一企业或企业联盟统筹推进冷链物流基地建设和运营管理。

发挥骨干冷链物流基地的组织中枢功能，加快冷链物流与现代农业融合发展，到 2025 年，打造一批骨干冷链物流基地，推进具备条件的创建国家骨干冷链物流基地，形成覆盖城乡的冷链物流服务网络。

六、实施保障

（一）加强领导和组织实施。

全面贯彻落实习近平新时代中国特色社会主义思想，把加强党的领导贯穿规划组织实施的各领域全过程。完善全省现代物流工作联席会议机制，省发展改革委会同有关部门加强行业综合协调和调控，细化各职能部门任务分工，协调解决规划实施中存在的问题，确保规划落地见效。完善规划动态评估、跟踪、预警机制，健全年度监测分析—中期评估—总结评估的全过程动态规划评估体系，严格规划动态调整和修订机制。建立现代物流发展专家咨询委员会，加强重大问题的调查研究和政策储备，指导规划科学实施。推动行业协会积极参与行业治理，发挥社会监督作用，加强行业自律和规范发展，协助规划落地推进。

（二）夯实物流工作基础。

健全物流领域标准体系。强化国家标准、行业标准和地方标准规范指导行业发展，推动与国际国内物流标准接轨。依托物流行业协会、科研院所、示范物流园区、行业龙头企业等，在冷链物流、物流园区、智慧物流等领域开展物流标准化试点示范工作，率先形成一批引领行业发展的团体标准和企业标准。

完善物流统计体系。依托江苏省物流统计直报系统，推进建设全省物流大数据应用库，加强对物流重点领域、重点环节监测，建立全省示范物流园区、重点物流基地、重点物流企业的竞争力考核评价体系。研究制定制造业内部物流成本核算体系，开展企业物流成本统计调查试点。优化江苏物流景气指数、物流仓储指数，研究编制江苏物流业发展指数、供应链发展指数和各设区市制造业采购经理人指数（PMI），建立健全科学反映全省物流高质量发展的监测指标体系。

加强物流人才支撑。坚持产才融合、以产聚才、以才兴产，优化物流人才培养开发体系。综合采取专业培训、校企协同等模式，引育一批掌握现代物流技术、熟悉物流业务管理、具备国际化视野的创新型物流人才。加大职业人才教育投入，强化继续教育制度，开展物流管理"1+X"证书制度试点。加大对海外高端物流人才引进力度，改革完善人才培养、使用、评价机制。

（三）加大物流政策支持。

加强物流用地支持。完善物流设施用地规划，促进物流规划与国土空间规划的衔接，重点保障国家物流枢纽、骨干冷链物流基地、示范物流园区等重大物流基础设施项目用地。研究合理设置物流用地绩效考核指标。支持通过弹性年期出让、长期租赁、先租后让、租让结合等多种方式供应物流企业用地；支持利用工业企业旧厂房、仓库等存量土地建设物流设施或提供物流服务。

加强财税扶持。巩固减税降费成果，严格落实物流行业税费优惠政策，加大物流领域收费行为监管力度。深化收费公路制度改革，推广高速公路差异化收费，降低通行成本。发挥中央和省专项资金作用，支持物流枢纽、智慧物流、冷链物流、供应链管理、应急物流等领域建设，优先支持列入"十四五"物流业规划的重大项目。加大物流标准制定支持力度，对符合要求的国际标准、国家标准和地方标准项目编制单位予以一定财政补助。

加大金融支持力度。鼓励符合条件的金融机构、大型物流企业集团设立物流产业发展投资基金。发挥政策性金融机构作用，加大对物流领军企业信贷支持力度，引导和支持资金流向创新型物流企业。引导金融机构开发更多符合物流企业融资特点和融资需求的金融产品，用好人民银行普惠

区域经济影响下江苏省区域物流发展研究

小微信用贷款专项政策。开展物流基础设施领域不动产投资信托基金试点。支持符合条件的物流企业发行各类债务融资工具，拓展市场化主动融资渠道，稳定企业融资链条。

（四）优化物流营商环境。

深化物流领域"放管服"改革，放宽物流相关市场准入。推动物流领域资质证照电子化，加快电子政务系统建设，实现注册、审批、变更、注销等政务服务"一网通办"。深入推进通关一体化改革，优化通关流程，提升通关效率。研究制定政府物流数据开放清单，推动跨部门、跨区域、跨层级政务信息开放共享。加强物流信用体系建设，建立健全物流行业经营主体和从业人员守信激励对象名单、严重失信主体名单制度，研究制定守信联合激励和失信联合惩戒措施。加强物流行业安全建设，严格落实企业主体责任。推行包容审慎监管，预防和制止物流领域平台经济垄断行为，为物流新业态新模式营造规范适度的发展环境。